T0017919

GRIAN

EL JARDINERO

EDICIONES OBELISCO

Si este libro le ha interesado y desea que le mantengamos informado
de nuestras publicaciones, escríbanos indicándonos qué temas son de su interés
(Astrología, Autoayuda, Psicología, Artes Marciales, Naturismo,
Espiritualidad, Tradición…) y gustosamente le complaceremos.

Puede consultar nuestro catálogo en www.edicionesobelisco.com

Colección Narrativa
El jardinero
Grian

1.ª edición: febrero de 2024

Maquetación: *Isabel Estrada*
Diseño de cubierta: *Enrique Iborra*

© 1996, 2024, Grian
(Reservados todos los derechos)
© 2024, Ediciones Obelisco, S. L.
(Reservados los derechos para la presente edición)

Edita: Ediciones Obelisco, S. L.
Collita, 23-25. Pol. Ind. Molí de la Bastida
08191 Rubí - Barcelona - España
Tel. 93 309 85 25
E-mail: info@edicionesobelisco.com

ISBN: 978-84-1172-108-0
DL B 19798-2023

Impreso en los talleres gráficos de Romanyà/Valls S. A.
Verdaguer, 1 - 08786 Capellades - Barcelona

Printed in Spain

A Nandy, compañera del sendero,
custodia del misterio de la simplicidad.

A Benjamín, navegante eterno
de los océanos de la Vida.

A María, mi madre.

A Harold Sammuli, mi amado Hayo,
maestro de armas en la búsqueda del santo grial.

Y a Nuestra Señora la Soterraña,
señora ancestral de las sagradas tierras de Requena.

El jardinero

Surgió de la nada, como el rojo manto de las amapolas en la primavera; con unas sandalias de cuero y un largo bastón de madera de roble.

Deambuló por las plazas y por el mercado, preguntando por alguien que estuviera dispuesto a venderle una tierra espaciosa. Y encontró su lugar en las afueras del pueblo, junto a un arroyo cantor de destellos dorados.

Levantó una cabaña. Y a su alrededor un jardín, grande como las estelas del viento; bordado con hiedras, clemátides, pasionarias y madreselvas; salpicado de azucenas, violetas, lirios y pensamientos.

Y se sentó a la puerta de su jardín, ofreciendo su belleza y su paz a todo el que quisiera gozar de ellas. Les dijo que aquél era el jardín de la vida, y que todo aquel que quisiera hallar su paz en él tendría siempre la puerta abierta.

Los pájaros y las ardillas hicieron sus nidos en sus árboles, las hadas y los elfos buscaron refugio entre sus plantas y los hombres encontraron cobijo para su corazón entre sus flores.

Y el jardinero se dedicó a cuidar de plantas y árboles, ardillas y pájaros, hadas, elfos y hombres.

Los cantos de Dios

No es sorprendente que el jardinero resultara un tanto extraño para sus vecinos. Muchos días le veían hablar con sus plantas, acariciarlas y tratarlas con cariño. Y por otra parte, no obtenía dinero con ellas, lo cual resultaba aún más extraño para aquellas gentes.

—¿Por qué acaricias y les hablas a tus plantas, si no pueden sentir tu mano ni oírte? –le preguntó por fin uno de sus vecinos.

—¿Y cómo sabes que no me sienten ni me oyen? –respondió el jardinero.

El vecino se quedó perplejo.

—Hombre, todo el mundo sabe que las plantas no son capaces…

—Tampoco la mayoría de los hombres sienten ni escuchan a Dios –le interrumpió el jardinero–, y no por eso Dios deja de hablarnos y cuidarnos.

El vecino se encontraba cada vez más confundido. Y, sintiéndose un tanto molesto, volvió a preguntar:

—¿Y cómo sabes que existe Dios? Yo nunca lo he visto, ni lo he oído. Ni siquiera he notado los cuidados de los que hablas.

El jardinero bajó la mirada con tristeza y guardó silencio; y cuando el vecino ya pensaba que no iba a poder responderle, le miró a los ojos con ternura diciéndole:

—En las noches de Luna sólo te das cuenta de que los grillos cantan cuando se callan, y es el silencio el que te advierte de la presencia de esa vida escondida. Dios nunca ha dejado de cantar, nunca ha dejado de hablarnos y mimarnos, y es por eso por lo que la mayoría de los hombres no advierte sus caricias.

»Si Dios dejara de cantar, al instante siguiente sería demasiado tarde para darnos cuenta de que estaba allí.

Y, sonriendo, agregó:

—Pero no te preocupes. Dios jamás dejará de cantar.

—Entonces, jamás podremos convencernos de que Dios existe —respondió el vecino con una sonrisa triunfante.

El jardinero se echó a reír, y posando su mano sobre el hombro de su vecino, dijo:

—Igual que sucede con los grillos… Si haces el silencio en tu interior, el silencio te revelará los cantos de Dios.

Cuando caen las hojas

—Jardinero —llamó la niña desde la valla del jardín—, ¿por qué hay árboles que pierden su vestido de hojas en invierno, mientras otros se cubren del frío con las mismas hojas del verano?

—¿Por qué te lavas la cara cada mañana en el Manantial de las Miradas? ¿Por qué arreglas tu lazo ante el espejo cada día cuando el Sol se asoma por tu ventana?

El jardinero guardó silencio mientras la niña le observaba con una mirada inocente de extrañeza.

—El agua con la que lavas tu cara por las mañanas es diferente cada día —continuó el jardinero—. Y el lazo con el que adornas tus cabellos es el mismo cada día.

—No entiendo, señor.

El jardinero se acercó a la valla y, señalando los árboles del jardín, le dijo a la niña:

—No existe árbol que no pierda sus hojas. Unos desnudan sus ramas bostezando cada otoño, y otros dejan caer sus hojas poco a poco a lo largo del año, mientras hacen salir hojas nuevas que ocupan el lugar de las anteriores. Por eso a ti te parece que no cambian su ropaje verde.

—¿Y no sería más fácil tener siempre las mismas hojas, sin tener que hacer el esfuerzo de cambiarlas cada vez? —preguntó la niña mientras miraba un roble cercano.

—¿Acaso no te hace tu madre vestidos nuevos cada primavera para que estés más hermosa y puedas dejar de ponerte los viejos?

—Sí —respondió la niña mirándole a los ojos.

—Y cuando un vestido se te queda viejo, ¿qué hace tu madre con él?

—Lo convierte en trapos o en retales, para hacer colchas para mi cama.

—Pues mira bien. Con las hojas viejas, los árboles hacen una colcha de retales a su alrededor, alimentando el suelo del que luego tomarán su sustento, y dando vida a otras plantas y animales.

Un gesto de alegre asombro se dibujó en la cara de la niña.

—¡Cuánto saben los árboles, jardinero!

Un estremecimiento recorrió la espalda del hombre, al contemplar los ojos inocentes de la niña.

—Sé, pues, sabia como los árboles, y cuando la vida te pida que dejes caer las viejas hojas de tu mente y de tu corazón, no dudes en hacerlo, para que tu alma pueda disponer de un vestido nuevo cada primavera.

La mala hierba

En cierta ocasión en que el jardinero se disponía a arrancar una mala hierba que crecía justo al lado de una de las plantas más valiosas y singulares del jardín, le pareció escuchar dentro de su pecho algo similar a una voz que decía: «¡No, por favor, no me arranques! ¡Déjame seguir viviendo!».

El jardinero, confundido, se detuvo, abriendo los ojos con asombro.

«Quizás mi imaginación desea jugar conmigo. O quizás esta planta tiene algo que mostrarme», pensó mientras miraba con extrañeza a aquella disonancia de su jardín.

—Si les hablo yo a las plantas y a los árboles, ¿por qué no me van a hablar ellos a mí? —se preguntó en voz alta.

De manera que decidió no arrancar aquella mala hierba que, con el tiempo, siguió creciendo hasta llegar a cubrir bajo sus hojas a la tan estimada planta.

Una tarde de mayo se desató una tormenta, y un fuerte granizo arruinó gran parte del jardín. Al terminar de llover salió el jardinero a recorrer sus senderos, lamentándose resignadamente de lo sucedido, entre flores deformes y hojas perforadas.

Casi no se atrevía a mirar cuando llegó al lugar en donde se encontraba la preciada planta que, para su sorpresa, se mantenía intacta, mientras la mala hierba que la cubría yacía destrozada a sus pies.

El jardinero miró con ternura aquella mala hierba a la que había intentado arrancar y, reflexionando para sí, dijo en voz baja:

—A veces, lo que nos parece feo, disonante y erróneo realiza hermosos trabajos que no superaría la más bella de las criaturas.

La flor más hermosa

—Te veo triste y pensativa –le dijo el jardinero a la silenciosa muchacha.

Ella le miró con los ojos apagados y, sin contestar, volvió a bajar la cabeza.

—¿Qué te ha pasado para estar hoy tan sombría? Todos los días vienes a mi jardín al atardecer, y todos los días te conviertes en la flor más tierna y fragante...

—No soy ninguna flor hermosa –interrumpió la muchacha.

El jardinero calló.

—Hoy he visto mi imagen en el lago del Espejo –continuó ella sin levantar la cabeza–. Por fin me hice mujer..., pero no poseo la belleza con la que tanto soñé.

El jardinero entendió.

—Todo el mundo dice que las rosas son las flores más hermosas. ¡Y en verdad que lo son! –afirmó, mientras la muchacha volvía su rostro hacia él–. Y, sin embargo, a mí me gusta la pequeña verbena que crece a los pies de los rosales, y disfruto contemplando los traviesos pensamientos, los estirados e introvertidos tulipanes, y las margaritas del campo, libres bajo el Sol.

—¿Quieres decir, jardinero, que hay más belleza en las verbenas que en las rosas?

El jardinero dilató su mirada en el cielo del atardecer.

—Quiero decir que la Belleza no está realmente en esa o aquella flor más que aquí o allí. La Belleza está en la mirada que contempla. Si la mirada es lo suficientemente atenta, encontrará a la diosa Belleza allá donde mire, porque ella dio a luz todo lo que existe.

»Mas, si aun así desearas ser más hermosa y convertirte en una imagen de la diosa en la Tierra, mira al cielo, contempla las grandes nubes que surcan majestuosamente el azul, y mira bien que las brillantes nubes algodonosas de formas redondeadas y perfectas palidecen en belleza ante aquellas otras que, perforadas por los vientos, permiten el paso de los rayos del Sol.

El jardinero calló un instante mientras dirigía su mirada a la muchacha, que ahora observaba las nubes.

—Deja que la luz de tu alma salga por todos los poros de tu piel, y todo el mundo verá en ti la más radiante Belleza.

Del amor de los árboles

L a llegada del otoño comenzaba a anunciarse en el vergel del jardinero. Los robles y los arces habían empezado a desnudarse tímidamente, dejando caer una hoja aquí, otra allí, en el verde césped de las inmediaciones del estanque. Una pareja de jóvenes que acostumbraban a buscar sus arrullos en las soledades del jardín fueron a ver al jardinero.

—Perdona que te molestemos, jardinero, pero te tenemos por persona sabia y buena, y nos gustaría que nos dieras consejo para la nueva vida que mi amada y yo vamos a comenzar. Muy pronto vamos a unir nuestras vidas en matrimonio, y te agradeceríamos que nos dijeses cómo debemos cuidar nuestro amor, para que no se marchite con el tiempo.

—No hay nadie sabio y bueno —respondió el jardinero con una sonrisa—, pues la sabiduría y la bondad son como un agujero en el suelo: cuanto más grande es, más vacío lo encuentras. Pero, ya que me pedís consejo, os diré lo que la Vida tuvo a bien mostrarme, a veces con golpes severos, a veces con una caricia.

E invitándolos a sentarse en el césped, les dijo:

—Ved que vuestro amor no sea como el del muérdago hacia el roble, que hunde las raíces en su tronco para chupar su savia y su fuerza. Que no sea como el de la aliaga con el retoño de pino, que crece y lo envuelve hasta asfixiarlo entre sus espinas.

»Buscad, más bien, que vuestro amor sea como el de los árboles. Cada uno abrazando la tierra con sus propias raíces, elevándose al Sol de la mañana con los brazos extendidos al cielo, dando gracias por cada nuevo amanecer.

»Y llevad cuidado en asentar vuestras raíces a suficiente distancia, no sea que la fuerza de las ramas de uno haga huir a las ramas del otro torciendo su tronco e impidiéndole buscar las nubes.

»Velad, pues, por mantener en cada momento la distancia justa, para que la tierra humedezca sobradamente vuestras raíces y el viento pueda limpiar de hojas secas vuestras ramas. Para que podáis hacer una copa amplia y robusta que dé sombra al caminante y nido a los pájaros del cielo.

»Y así, cuando crezcáis y hayáis esparcido vuestras semillas al viento, las puntas de vuestras ramas se tocarán en las alturas, para que bailéis con regocijo al son de la Danza de la Vida.

El misterio de la vida

E l bosque engalanaba su alma ante la cálida paz del vera- no con un entramado de troncos de luz creados por el Sol, en su intento de perforar la espesura de su dosel. El calor, sensible como la mano de un amigo sobre el hombro, parecía invitar al jardinero a tomar un descanso en la umbría del manantial. Los esfuerzos quedaban atrás. El sentido que había llevado su vida hasta aquel momento se desperezaba al final de su siesta estival; y la suma de sus logros y fracasos se desvanecía como una mariposa en la espesura del bosque.

Con el sosiego en la mirada y el corazón desnudo, el jardi- nero se recostó en el tronco de un olmo, aspirando el aliento del bosque entre los helechos.

En un instante eterno, la semilla de un pino se lanzó al vacío desde el árbol que le diera vida, y cayó haciendo torbe- llinos con su aleta hasta el suelo fértil de la umbría.

Dos lágrimas trémulas asomaron a los ojos del jardinero, que, en voz muy baja, le dijo al árbol:

—Gracias, hermano pino, por mostrarme el más profun- do misterio de la Vida.

La diadema

En las noches apacibles, el jardinero gustaba de dar lentos paseos por los senderos de su jardín.

Una noche en que la Luna se miraba en el espejo del estanque, el jardinero vio un tenue resplandor entre las azaleas. Se acercó a ellas y, al apartar los tallos que le impedían ver el origen de aquella luz, se encontró con un hada minúscula que iba de aquí para allá por entre las flores.

El hada se volvió hacia él al oír el rumor de las hojas.

—Hola, jardinero –le dijo.

Y dándole la espalda continuó con aquello que estaba haciendo.

—¿Quién eres tú? –le dijo suavemente el jardinero.

El hada se volvió de nuevo y, con un gesto de impaciencia, le contestó:

—Un hada. ¿No lo ves?

Y siguió con su quehacer.

El jardinero se quedó observando el estilizado cuerpo con alas de libélula del hada, y su largo cabello negro como la noche, mientras revoloteaba por aquí y por allí entre las flores de las azaleas.

—¿Y qué estás haciendo? –se animó a preguntar al cabo de un instante.

—Estoy buscando mi diadema de polen dorado –le contestó sin detenerse esta vez–. La perdí èsta mañana mientras pintaba estas flores, y no se dónde ha podido caer.

—Déjame que te ayude –le dijo el jardinero.

Y poniéndose a cuatro patas, se metió cuidadosamente entre los arbustos.

Apartando las hierbas y las piedrecillas con las puntas de los dedos, dio por fin con un evanescente aro dorado del tamaño de un anillo.

—¿Es esto? –dijo, sin atreverse a tocarlo por temor a desgranarlo.

—¡Sí! –contestó el hada saltando de alegría.

Con un veloz revoloteo se precipitó sobre la diadema, y con un gesto delicado se la puso en el cabello. Una preciosa sonrisa apareció en su cara mientras miraba al hombre.

—¡Gracias, jardinero!

—¡Oh!... ¡Bueno..., no tiene importancia! –dijo él un tanto turbado.

Sin darle tiempo a comprender lo que estaba sucediendo, el hada se puso ante su cara con un rápido vuelo... y con una dulzura exquisita depositó un beso en su nariz. Le miró brevemente y desapareció revoloteando entre las frondas del jardín.

El jardinero se quedó un largo rato sentado en el suelo, intentando asimilar lo que había ocurrido.

Al día siguiente, toda la gente en el pueblo hablaba del resplandor dorado de la nariz del jardinero.

El monje

Un monje llegó al jardín cuando las tardes del otoño tiñen de rojo el horizonte.

Sin decir ni una palabra, se aposentó en la cabaña del jardinero, y allí estuvieron durante tres días y tres noches, compartiendo los dos hombres el pan, los trabajos del jardín y los atardeceres en el viejo roble de la fuente.

Ni una palabra se cruzó entre ellos; tan sólo miradas de simpatía y alguna que otra palmada en la espalda.

Cuando el monje partió, se estrecharon las manos y, sin decir ni una palabra, se prometieron amistad para siempre.

La pequeña planta

Un hombre que acostumbraba a buscar solaz en el jardín del jardinero le dijo a éste en cierta ocasión:

—Jardinero, muchas veces te veo trabajando con las plantas que con tanto halago estás cuidando ahora. Por lo que veo, éstas deben de ser tus plantas preferidas, cuando tanto mimo y cuidado les prestas.

El jardinero esbozó una sonrisa amable.

—El que me veas dedicarle tanto tiempo a estas plantas no significa que sean mis preferidas. En realidad, todas las plantas y árboles de mi jardín están en mi corazón. Lo que ocurre es que a cada planta y árbol debo dedicarles un tiempo diferente, según su crecimiento y sus necesidades.

—Pero habrá alguna planta que sea tu preferida... –insistió el hombre.

—Bueno... Es cierto que hay una planta por la que siento algo especial –dijo el jardinero bajando la cabeza.

—¿Me podrías mostrar cuál es, jardinero?

—Es una pequeña planta de flores blancas que se encuentra junto a la puerta de mi cabaña –contestó el jardinero.

—Sabes que vengo a menudo a tu jardín, y, sin embargo, nunca te he visto cuidar esa planta –dijo el hombre con un gesto de perplejidad.

El jardinero esbozó una sonrisa.

—Hay plantas que necesitan más cuidados que otras. Cuando una planta crece desgarbada y no da flores, hay que podarla y alimentarla. Cuando un árbol crece torcido, hay que enderezarlo con una vara. Pero cuando una planta da lo mejor que hay en ella, no es necesario hacerle nada, sino dejarla que por sí misma crezca y se llene de flores. Así es mi pequeña planta de la cabaña.

»Cuando en las noches de verano salgo a sentarme a la puerta de mi casa, hablo con ella; y le cuento mis esperanzas y anhelos, mis derrotas y mi dolor, mis sentimientos y mis sueños. Y ella me comprende desde el guiño de sus pequeñas flores y me alivia con el aroma de su perfume. Y cuando entro y salgo, y cuando voy y vuelvo, ella siempre me está esperando para decirme adiós o darme la bienvenida.

E invitando al hombre a pasear con él por los senderos del jardín, dijo el jardinero:

—Todas las plantas y los árboles de mi jardín están en mi corazón, pero sólo mi pequeña planta de la cabaña conoce mi alma.

Canto de amor

El jardinero sumergió su espíritu en la soledad del estanque, y el crepúsculo de aquella tarde de abril abrió su alma para componer una dulce melodía:

Oh, Dios. Amada Vida. Tibia brisa de luz que esparces los lamentos tristes de mi alma. Amor insondable que abres los labios de mi corazón al esplendor dorado de tu dulzura.

Concédeme volver a sentir el calor sagrado de tus palabras en mi pecho, la caricia suave de tu sonrisa ante mis ojos.

Estréchame entre tus brazos para que pueda esconderme en tu corazón y desaparecer en la profundidad abismal de tu presencia; lejos de la desgarradora ilusión de la separación, lejos de los lastimosos gritos del alma abandonada.

Oh, Dios. Mi Amor. Mi Vida. ¡Qué largo es el camino que lleva hasta tu trono! ¡Qué cruel la dulce herida de tu llamada en mi corazón, de tu recuerdo en todo lo que mis ojos miran!

Dios mío... Alma mía... Vida mía....

El ocaso cubrió dulcemente con su manto púrpura la espalda del jardinero, y la primera estrella de la noche vistió sus lágrimas con destellos de plata. A través del cielo, la noche extendió sus guirnaldas de luces, y los pájaros, mudos en sus nidos, escucharon la suave voz del jardinero cantando su oración entre los álamos:

Dulce Amado...

Me gustaría ser como el roble, firme sobre la tierra, para que nunca desfallecieran mis pies por el sendero.

Me gustaría ser paciente como el olivo, para que los nuevos tallos de la Vida pudieran renacer de mi vieja y rugosa alma.

Me gustaría tener la sabiduría de la encina antigua, la de las altas ramas que miran los amaneceres serenos, para conocer tus caminos silenciosos.

Me gustaría ser como el generoso almendro, que ofrenda sus flores en la corteza desnuda y reseca, y gozar de la alegría del cerezo, que llama en la distancia a las aves para que coman de sus frutos.

Me gustaría tener la voz cantora de los álamos y la gratitud del abedul, que alza sus blancas manos al cielo, para seguir entonando tus alabanzas.

Quisiera ser humilde como las violetas, y puro como las rosas bellas.

Quisiera ser sencillo como las margaritas y fértil como el trigo del campo, para así poder cubrir la tierra con la luz de tu Amor.

Mas ha sido tu voluntad que fuera un simple hombre, y ya que no puedo aspirar a ser más de lo que tú quisiste de mí, enséñame al menos a aceptarme como simple humano, y permíteme abrazarme a tus pies, como abraza la hiedra el tronco del roble, para que pueda sumergirme en el aroma a jazmín de tu presencia.

La fiesta

U n elfo de mediana estatura se apareció una noche al jardinero saltando desde las ramas de un nogal.

—Hola, jardinero –le dijo con una amplia sonrisa–. Vengo como mensajero de los espíritus de la naturaleza de esta comarca para pedirte que te unas a nosotros en la fiesta que daremos mañana por la noche en este jardín.

El jardinero, una vez repuesto de la sorpresa de tan inesperada aparición, le dijo al elfo:

—Sé bien los trabajos que habéis estado haciendo a lo largo de toda esta primavera. Por todas partes han salido más flores que nunca, con los más hermosos colores; y en todos los árboles he visto multitud de tiernos brotes que han ido creciendo fuertes y bellos. Bien está celebrar el término de vuestros esfuerzos con una gran fiesta. Aunque no sé cómo puede encajar un ser humano en vuestros festejos y alborozos.

—Bueno… –dijo el elfo ladeando la cabeza–, cierto es que nunca invitamos a los hombres a nuestras fiestas, porque no respetan nuestro trabajo ni la vida que los rodea. Pero tú eres diferente y nos ayudas en nuestras labores, y nos gustaría que nos acompañaras ahora que hemos terminado con ellas.

El jardinero reflexionó durante un instante sobre las palabras del elfo, que esperaba su respuesta sonriendo nuevamente.

—De acuerdo —dijo por fin—. Mañana por la noche me uniré a vosotros en vuestra fiesta.

Y el elfo, dando un pequeño salto de alegría, desapareció entre el follaje del jardín.

—¡Hasta mañana, jardinero! —le oyó decir mientras se alejaba.

Al día siguiente, por la noche, acudieron al jardín todos los espíritus de la naturaleza de la comarca: gnomos, silfos y ondinas, ninfas y elfos, minúsculas hadas y duendes traviesos. Y el jardinero se unió a ellos en su celebración, cantando y bailando hasta el amanecer.

Días después, un pastor contó que le había visto danzando solo entre los fresnos y las madreselvas en la noche de San Juan.

La transformación

Un joven de hermosas ideas, que solía buscar los consejos del jardinero, fue a su cabaña en una noche fría y lluviosa.

Como si hubiera estado esperando su visita, el jardinero le invitó a pasar nada más abrir la puerta; le ayudó a quitarse el abrigo mojado y le invitó a sentarse frente al fuego del hogar. Cuando se hubo calentado un poco las manos, el joven le dijo:

—Buen amigo, siento una profunda desazón en mi pecho. Desde que dejé de ser niño y comencé a pensar como hombre he venido observando el mundo que me rodea, y he encontrado buenas y hermosas cosas entre los hombres y en la naturaleza que me rodea, pero cada vez más he encontrado otras que desgarran mi alma y me entristecen. He visto que en el mundo hay injusticia y desamor, he visto la desesperanza en los ojos de los pobres y los enfermos, he visto la garra de la avaricia hacer presa en el corazón de los hombres, y las brumas del odio nublando la razón entre hermano y hermano. Y cada vez que veo estas cosas, mi corazón confundido llora, y grita mi alma a los cielos buscando la razón de tanta desdicha. Y pienso que me gustaría cambiar este mundo, que todos pudieran vivir en el gozo y la armonía, pero… ¿qué puede hacer un solo hombre ante tanta aflicción y desolación?

El joven calló, ocultando su cara entre las manos.

—Tú puedes cambiar el mundo —le dijo el jardinero con una voz suave.

El joven levantó la cabeza y miró al hombre desde sus ojos cansados.

—¿Cómo puede cambiar el mundo un solo hombre? —preguntó.

—Cambiándose a sí mismo —fue la respuesta del jardinero.

—No entiendo. Si cambia un solo hombre, ¿cómo puede cambiar la humanidad?

—Cada hombre es la humanidad entera, lanzando su reflejo a las ardientes profundidades del cosmos —dijo el jardinero mirando al fuego—. Y cuando uno de ellos se sumerge en el océano de la Luz, todos los hombres son alcanzados por la bondad de su fulgor.

—Sigo sin entender, jardinero —dijo el joven con la inocencia de un niño.

—No es necesario que entiendas. El pájaro no entiende los mecanismos del vuelo y, sin embargo, vuela. Está en su naturaleza volar, como está en la naturaleza del hombre alcanzar el Amor.

El fuego crepitó con intensidad con la última palabra del jardinero, y ambos guardaron silencio durante un momento, extasiados con la danza de las llamas en el hogar.

El joven miró al jardinero y, dudando, volvió a mirar las llamas. Giró su cabeza de nuevo hacia el hombre y por fin se decidió:

—¿Y qué debo hacer para cambiarme?

—No intentarlo —respondió el jardinero con una sonrisa.

Un gesto de asombro cruzó la cara del joven que, abriendo la boca, no atinaba a pronunciar palabra.

—Si no lo intentas no lo conseguirás –continuó el jardinero–. Has de desear el cambio en ti, estar abierto a que la transformación tenga lugar en tu interior. Pero si intentas provocarla comenzará una guerra en tu corazón que te dejará maltrecho y herido. Simplemente, abre tu corazón y deja que la transformación tenga lugar cuando la Vida lo considere oportuno.

»Al pájaro nadie le explica cómo debe volar. Al pez nadie le explica cómo debe nadar. Sencillamente, un día se lanzan al viento y a la marea, y su propia naturaleza hace el resto.

»En la naturaleza del hombre está escrito amar; con un Amor grande como el océano, un Amor que todo lo abarca. El hombre tan sólo debe lanzarse a las mareas de la Vida con el corazón abierto, y su propia naturaleza hará el resto.

»Es el Amor el que traerá la transformación en tu alma, y con ella vendrá la transformación del mundo.

Y, ensimismado en sus pensamientos, el jardinero terminó diciendo en voz muy baja:

—Cuando un hombre alcanza el Amor, el universo entero se estremece en su gloria.

El Manantial de las Miradas

—¿Por qué llamas Manantial de las Miradas al nacimiento de agua que tienes en tu jardín? –preguntó la mujer al jardinero.

—Para que, cuando bebáis en él, os miréis en el espejo de su alberca –le respondió el jardinero.

—¿Y para qué quieres que miremos nuestro reflejo en el agua?

—Para que veáis la Verdad –fue la escueta respuesta del hombre.

—No comprendo lo que quieres decirme, jardinero.

El jardinero dejó escapar una sonrisa.

—Al llamarlo Manantial de las Miradas, os incito a que busquéis vuestra mirada en la superficie de la alberca, y cuando encontráis vuestros ojos en el agua enmarcados por las nubes del cielo, os encontráis a un solo paso de ver la Verdad de vuestra existencia.

—Pues yo me he mirado en el manantial muchas veces y no he visto lo que me dices –le dijo la mujer confundida.

—Mírate bien, mujer. Mírate bien –contestó con ternura el jardinero.

Lo mejor de la vida

U n comerciante fue a ver al jardinero cuando éste se encontraba descansando a la puerta de su cabaña.

—Buenas tardes, jardinero –le dijo–. Vengo a ofrecerte un negocio que a buen seguro te va a interesar.

Y, ante la pasividad del jardinero, comenzó a contarle lo beneficioso que podría resultar un trato entre ellos, en el que el jardinero se comprometiera a cultivar una gran extensión de terreno exclusivamente de rosas que, luego, el comerciante vendería en los mercados de la ciudad.

—Con las manos que tienes para las plantas, jardinero, nuestras rosas serán las mejores de la ciudad –concluyó con un gesto de satisfacción el comerciante.

—Gracias, pero no me interesa –le dijo el jardinero con su habitual sonrisa.

—Pero si puedes ganar mucho dinero… –arguyó el sorprendido mercader.

—No me interesa el dinero.

—Pero… a todo el mundo le interesa el dinero…

—A mí no.

—¿Cómo puedes decir eso? El dinero es necesario para sobrevivir…

—¡Oh, bueno...! Como y duermo todos los días, tengo ropa para vestirme y una cabaña que me acoge en las noches de invierno –dijo tranquilamente el jardinero.

El comerciante no podía creer que aquel hombre rechazara un negocio como el que le estaba proponiendo.

—Además –insistió–, trabajarías en lo que te gusta, jardinero.

—Ya trabajo en lo que me gusta.

—Pero...

El comerciante se quedó con la boca abierta y luego la cerró; y, levantándose, se fue del jardín diciendo entre dientes: «Jamás comprenderé a los que tan obstinadamente se empeñan en vivir en la miseria y se pierden lo mejor de la vida».

Aquella tarde la pasó el jardinero escuchando el canto de los pájaros y contemplando la maravillosa puesta de Sol que el universo le ofrecía.

La extraña mirada

Muchas de las personas que solían ir por el jardín hablaban de los ojos del jardinero. Decían que, en algunos momentos, su mirada cambiaba y se hacía tan profunda como las inmensidades del cosmos, y que a través de ella se podían ver las estrellas del firmamento. Un día, unas mujeres del pueblo que le solían llevar leche y harina le hicieron notar al jardinero lo extraño de aquella mirada.

—Oh…, bueno… –balbuceó un tanto turbado–, alguna vez me habían dicho algo de esto.

Y se quedó callado, sin saber cómo explicar lo que sentía cuando cambiaba la expresión de sus ojos.

Una de las mujeres insistió:

—Siempre se ha dicho que los ojos son el espejo del alma; y, si esto es así, en tu mirada se puede ver un alma grande y hermosa. Tu mirada…

—Esa mirada no es mía –la interrumpió el jardinero.

Las mujeres quedaron confundidas por lo sorprendente de su declaración.

El jardinero, ya más tranquilo, bajó la cabeza intentando encontrar las palabras que le permitieran explicar lo que sentía cuando sucedía aquello.

—Es tan difícil de explicar que… –se interrumpió un instante–. Hay veces en que de pronto siento como si alguien, mucho más grande y perfecto que yo, fuera adueñándose suavemente de mis manos y mis labios, y entonces yo me convierto en espectador silencioso de lo que ese ser hace o dice a través de mí. Y siento una gran paz que me invade, y gozo contemplando la perfección de los gestos de sus manos y la pureza de sus palabras. Es también entonces cuando siento que a través de mis ojos él irradia toda su dulzura y amor, y cuando percibo que sus palabras llegan hasta lo más profundo del corazón de todo aquél con quien habla.

»Es eso lo que ocurre cuando veis que mi mirada cambia. En realidad, no soy yo el que os mira a través de mis ojos, sino alguien sublime y perfecto al que observo extasiado y al que amo en lo más íntimo de mi corazón.

Desde aquel día, las mujeres dejaron de ir por la cabaña a llevarle la leche y la harina.

El tesoro

Nadie sabía de lo que había sido la vida del jardinero hasta el día en que apareció buscando una tierra donde crear su jardín. Nunca había hablado con nadie de sus días pasados, de su familia, ni de las tierras que había visitado.

Una mañana, un vecino amigo del jardinero le preguntó:

—¿Qué fue de tu vida hasta el día en que llegaste aquí? Nunca me has hablado de ello, y supongo que, como en la vida de cualquier persona, habrás pasado por momentos intensos que alguna vez te agradará recordar.

El jardinero bajó la cabeza, y su cara se iluminó con la sonrisa que nace del recuerdo hermoso de lo vivido.

—El pasado es una ilusión que guardamos en nuestro corazón como guarda el bodeguero su mejor vino, esperando una ocasión especial que merezca su paladeo, pero que nunca acaba de llegar a medida que pasan los años.

»Mas quizá sea ésta esa ocasión especial. La que viene de la mano de los corazones unidos por la amistad.

El amigo del jardinero sonrió con un gesto agradecido, mientras éste le invitaba a dar un largo paseo por el jardín.

—Hace muchos años partí de la tierra en la que vivía con mi familia y mis amigos, y recorrí el mundo buscando el mayor tesoro que ojos humanos pudieran ver. Caminé por verdes campiñas cubiertas de césped y altas montañas de majestuosa presencia, hundí mis pies en las arenas del desierto y lavé mi cara en las olas de todos los mares. Y buscando mi tesoro viví el miedo, la angustia y la soledad, y penetré en el corazón de la Vida oteando sus horizontes, hasta que por fin di con las almenas del castillo en donde se escondía lo que tanto anhelaba. Abrí sus puertas, vi y regresé; sin saber por qué no había guardado el tesoro en mis alforjas.

»Después de aquello seguí caminando, yendo de un lugar a otro sin un rumbo fijo, hasta que comprendí que el tesoro había sido la excusa para lanzarme a caminar, y que en la sucesión de las huellas sobre la arena se encontraba su alma inmaculada y fecunda. Y mis pasos, y con ellos mi tesoro, me trajeron a este lugar, en donde decidí dar cuerpo a lo que el camino me había enseñado.

»Por eso hice este jardín, la imagen viva de un tesoro inalcanzable y por siempre mío.

Los dos hombres guardaron un largo silencio, mientras contemplaban los ágiles juegos de las libélulas dando saltos sobre la superficie pulida del agua del manantial.

—¿Y tus amigos...? –rompió el silencio el amigo del jardinero–. Con tantas tierras como has conocido, supongo que habrás hecho muchos amigos en tu sendero...

—¡Oh, sí! ¡Muchos amigos! –respondió el jardinero–. Amigos profundos, amados hasta el éxtasis de la ternura en lo más hondo de mi pecho.

»Algunos me hicieron daño cuando nuestros caminos se separaron. Tal vez no supe entenderlos. Quién sabe. Un día, en tu camino aparece alguien y compartes con él tu vida, tus esperanzas, tus gozos, tus dudas y tus recuerdos; y por un tiempo, la entrega mutua crea un palacio de cristal en donde los duendes del amor brincan y juegan. Luego, llega un día en que los caminos de nuestras vidas se separan, y con el dolor del alma en la mirada extiendes los brazos intentando tocar una vez más las yemas de sus dedos en la nada.

»Quizás algún día vuelvan a encontrarse los caminos, y los duendes del amor vuelvan a danzar en su palacio de plata. Quizás nunca más encuentre sus pisadas, y la imagen del amigo en la distancia me devuelva el hechizo de los días pasados.

»Pero, en cualquier caso, mis amigos amados me acompañan siempre. Me encuentro con ellos a menudo en las fértiles planicies de mi imaginación; y les vuelvo a hablar de mis esperanzas y mis dudas, y ellos me escuchan con el amor que brota de su corazón. Y juntos planeamos nuevas aventuras, nuevos viajes por los senderos del alma infatigable; y nos volvemos a fundir en un abrazo, para que los corazones en contacto se hagan uno en el tapiz inmenso de las estrellas.

El jardinero dejó reposar su mirada en el horizonte, como si en la lejanía viera a todos los amigos encontrados en su largo sendero. Y de sus labios brotó su alma en un susurro:

—Mis amigos… Mi camino… Mi tesoro…

El espíritu del viento

Con la llegada del otoño, el viento comenzó a azotar las tierras de la comarca. Las hojas secas bailaron sus danzas rituales en las vaguadas de las colinas, y los mantos desnudos de las tierras rojas tejieron bordados escarlatas con el fulgor de los ocasos.

El jardinero tomó su olvidado bastón y enfiló por el sendero que llevaba a la cima de la montaña más alta del lugar, un inmenso dragón acostado sobre su panza, con más batallas vencidas de las que las cicatrices de su piel pudieran revelar, y más sabiduría de la que los erguidos milenios de su apariencia hicieran sospechar.

Entre sus crestas, pensó el jardinero, podría encontrarse mejor con los dulces silencios de la soledad.

Allí estuvo tres días y tres noches, al abrigo del espíritu de la montaña, conversando con la obstinada mudez de su Hacedor.

Y al tercer día, el espíritu del viento fue a hablar con él. Grande como dos hombres, sus ojos rasgados transmitían la dulce paz de los seres angélicos.

—Buenos días, jardinero —le dijo en su interior—. Los espíritus de los bosques de la región me han hablado mucho de ti. Y mi curiosidad me ha llevado a buscarte durante tres días, hasta que al fin he dado contigo.

—Buenos días, poderoso amigo de las llanuras –contestó el jardinero–. Bien sabe Dios que no esperaba tan grata visita. Y debo decirte que mucho me agradaría poder conversar largamente contigo.

Y, haciendo un gesto amable con su mano, le dijo:

—Por favor, siéntate aquí conmigo y concédenos al espíritu de la montaña y a mí la gracia de compartir la sabiduría que tus largos viajes te han deparado.

Y el espíritu del viento, posando las azules transparencias de su cuerpo en una roca cercana, le dijo al jardinero:

—Mucho es lo que nos tenemos que contar unos a otros. Permitidme que me establezca unos días aquí con vosotros, mientras mis silfos recorren la comarca.

Y estuvieron allí juntos, los tres, mientras duró la Luna llena, hablando de tierras y de hombres, de hadas y de ángeles, de mares tormentosos y montes sagrados… ante la atenta y muda presencia de aquel que los había creado.

Las dos máscaras

Un extranjero llegó al pueblo atraído por la fama del jardinero. Buscando la forma de llegar a su jardín, advirtió que las actitudes de sus vecinos hacia él eran de lo más dispares. Unos advertían al extranjero diciéndole que sería mejor no encontrarse con el jardinero, que era un hombre de ideas extrañas y peligrosas, y que su influencia podía resultar nefasta en aquellos que no tuvieran la suficiente fortaleza de espíritu. Otros decían que el jardinero era un ser bondadoso y santo, sabio como un rey de la antigüedad, y tan puro que era impensable el mal en él.

Cuando por fin el extranjero dio con el jardinero, le contó lo que en el pueblo se decía de él.

—¿Quién dice la verdad? —preguntó luego—, ¿los que dicen de ti que eres peligroso y malvado, o los que dicen que eres un santo de nuestros días?

—Ni unos ni otros —fue la simple respuesta del jardinero—. Ni soy un santo ni soy un malvado. Soy, simplemente, un hombre más.

—¿Y cómo se explica que levantes pasiones tan encontradas entre tus vecinos? —insistió de nuevo el extranjero.

El jardinero sonrió cansadamente.

—Cada uno ve las cosas a través del tapiz de sus miedos y ansiedades, de sus dudas y esperanzas. Mis palabras parecen peligrosas para aquellos que no quieren ser turbados en su sueño, para los que temen despertar y darse cuenta de que la vida es diferente de lo que ellos siempre pensaron.

»Saben que si escuchan con el corazón abierto lo que sale de mis labios, se verán obligados por su alma a cambiar el rumbo de su vida hasta un extremo que no están dispuestos a aceptar. Y por esta razón, para justificar su miedo y su ceguera, me apartan de su vida con la condena y el rechazo.

»Para otros, mis palabras son un canto de esperanza en la oscuridad de su vida, mas un canto que, en el fondo, ellos creen que no pueden cantar. Por eso, justifican su pereza diciendo que eso sólo lo pueden hacer los santos, y no el común de los mortales.

»Aún hay otros que, sin atreverse a caminar solos por la vida, se aferran, como el náufrago a un madero, a quien les muestra una puerta hacia la luz, con la esperanza de que sea otro el que les saque del dolor y el sufrimiento, sin darse cuenta de que nadie puede hacer el camino por ellos, sino tan sólo mostrarles el sendero.

»Por esta razón, unos ven en mí un peligro, otros un santo y otros su personal tabla de salvación. Y ninguno de ellos es capaz de ver la verdad.

—¿Y cuál es la verdad, jardinero? –preguntó interesado el extranjero.

—La verdad es que todo hombre es como la danza de luces y sombras del fuego del hogar en una habitación oscura. Las llamas le elevan a las nubes de su condición divina, al tiempo que crean temibles sombras informes en las paredes de la habitación. Es la doble naturaleza de la que todos participamos; las dos máscaras que todos usamos en el teatro de la vida.

El espejo

Una mañana, mientras se lavaba la cara, el jardinero se quedó mirando fijamente su imagen reflejada en el espejo. Y sonriéndose a sí mismo, se dijo:

«¿Sabes una cosa? Creo que con el tiempo acabaré acostumbrándome a tus rarezas».

La inseguridad

Un amigo del jardinero excesivamente preocupado le estaba dando un sermón para que cambiara de vida.

—No puedes vivir así eternamente. Deberías sentar cabeza y plantearte el conseguir un trabajo seguro. Ya no tienes edad para andar jugando con la vida. No se puede vivir en la inseguridad de si mañana tendrás para comer o no...

—Por cierto... –le interrumpió el jardinero–. El otro día vino a pasear por el jardín tu patrono, y oí que le decía a otro que le acompañaba que no estaba muy contento con tu trabajo.

Por el rostro del amigo del jardinero cruzó un gesto de preocupación.

—¿Cómo...? ¿Es verdad lo que dices?

El jardinero soltó una carcajada por su travesura y le dijo a su amigo:

—¿Quién vive en la inseguridad?

La guirnalda

L a soledad reinaba majestuosa en la espesura del jardín, y el jardinero, ávido de la negra seda del cielo bordada de estrellas, se tendió en la suave hierba de la noche de estío. La paz del firmamento buscó un rincón en su pecho, y desde él surcó sus labios con el sereno canto de los hijos de la Tierra.

«Lejanas estrellas que alcanzáis mi corazón perdido en un rincón del infinito; tan cercanas a mí y tan ausentes en vuestra ignorada belleza.

»Si las alas de mi espíritu pudieran levantar mi pesado cuerpo mortal, cruzaría el firmamento para presentaros mis saludos de una en una; y os pediría humildemente que me concedierais el don de vuestros tenues rayos, para con ellos hacerme una guirnalda de destellos plateados.

»Y la guardaría entre mis flores más queridas, esperando el sublime momento en que la Vida me llamara a cruzar el umbral insondable de la muerte.

»Entonces, la pondría sobre mis hombros cansados, y me presentaría con ella ante el rey del universo. Y le diría: "Señor, he aquí la luz de tu presencia en la oscuridad de mis noches. La trencé con los dedos de la esperanza nacida de los ecos de tu voz; y la guardé como el traje de una novia que espera la llegada del amado, para vestir mi alma desnuda en el día de nuestro encuentro. No me pidas que me despoje de ella para ver mi corazón, pues bien sabes que, como hijo de las estrellas que soy, sólo encontrarás en él tu propia luz en las tinieblas. Más bien, déjame que con ella me funda contigo en el abrazo final, para que, cuando me desvanezca en tu pecho, el cielo cante su regocijo entre una lluvia de estrellas"».

El viejo olivo

Durante un largo paseo por las colinas, el jardinero se encontró con el tocón del tronco de un viejo olivo recién cortado. Lamentándose por la poca sensibilidad del dueño del olivo, capaz de segar en un momento la vida de un árbol muchos siglos mayor que él, el jardinero se sentó en una roca recordando la poderosa estampa del árbol, meciéndose al viento con sus hojas plateadas.

Tiempo después volvió a pasar por allí, y comprobó con alegría que de los lados del tocón habían salido nuevos brotes, creciendo hacia el cielo con insolente vigor.

El jardinero sonrió, y meditó en su interior sobre la soberbia del hombre, viéndose dueño de un mundo que no le pertenece, y sobre la fresca rebeldía de la vida, capaz de resucitar una y otra vez frente a la obstinada mala voluntad de los humanos.

Acariciando los tiernos tallos del viejo olivo, susurró:

—Existe una voluntad más fuerte que la de los hombres.

»¿Quién puede, viejo olivo, con tu insistente voluntad de vivir?

Del amor de los esposos

Un hombre, casado pocos años atrás, se lamentaba ante el jardinero de las dificultades en su matrimonio. Al principio todo había ido bien. El primer año después de la boda los esposos se habían dado todo el amor y la ternura que en sus tiempos de noviazgo ya habían compartido. Pero, incomprensiblemente, la relación entre la pareja había ido deteriorándose más tarde, hasta llegar a un punto en que el amor que se profesaban se había convertido en rechazo y distanciamiento.

—Hay momentos en que creo que la odio –le dijo el hombre al jardinero–, y creo que ella también me odia.

—¿Cómo puede convertirse el amor en odio? –preguntó el jardinero.

El hombre guardó silencio.

—¿Has pensado que quizás lo que sentíais no era un amor puro y verdadero, sino simplemente el sentimiento surgido de la mutua complacencia y gratificación? –volvió a preguntar.

El hombre miraba al suelo.

—En verdad que ahora no lo sé.

Los dos hombres paseaban por el camino de los tilos, sobre una alfombra de hojas rojas que acompañaban con su murmullo los silencios de su conversación. El jardinero insistió con sus preguntas:

—¿Qué es lo que buscabas cuando te casaste con ella?

—Buscaba la felicidad —dijo resueltamente el hombre—, y pensaba que la podría encontrar viviendo con ella.

—Ahí está el error —dijo el jardinero pausadamente—. Durante los años de noviazgo os habíais complacido en todo mutuamente, y llegasteis a haceros una imagen idealizada cada uno del otro. Pensasteis que una persona con tantas virtudes os podría hacer feliz toda la vida, y no quisisteis ver la realidad de que delante teníais a una persona que no sólo tenía virtudes, sino también defectos. No quisisteis ver la sombra.

»Con el tiempo, y la convivencia, esa sombra apareció, y ahora os habéis situado en el lado contrario, en donde sólo veis los defectos y no las virtudes.

—Sí. Parece que nos ha ocurrido algo así —dijo el hombre, cabizbajo.

—Vuestro error ha estado en haber buscado la felicidad cada uno fuera de sí mismo, y no en su propio corazón —continuó el jardinero—. Si hubieras buscado la felicidad en el mismo sentimiento de amor que llenaba tu corazón, tu amor no habría estado a expensas de sus virtudes o defectos, sino que habría crecido en comprensión y ternura hacia las faltas que, como todo ser humano, tiene tu compañera.

»Y así, os habríais transformado mutuamente uno a otro. No a través de la exigencia y el reproche, sino a través del amor firmemente instalado en vuestro pecho.

El hombre empezó a comprender que quizás había un rayo de esperanza para su situación.

—Entonces —dijo—, ¿qué puedo hacer ahora?

—Busca la felicidad dentro de ti mismo y no esperes que sea ella la que te la proporcione, porque a nadie le puedes exigir que te dé lo que tú mismo debes conquistar. Busca el amor que en un tiempo sentías en tu corazón y encuentra tu complacencia sólo en él, y no en el amor que ella pueda sentir por ti. Y absorbe la vida por todos los poros de tu piel, tanto si es plácida y venturosa como si es dolorosa y triste, porque en la aceptación total de la vida, con sus días esplendorosos y sus oscuras noches se encuentra la felicidad que no pasa, la que está en buen puerto, a resguardo de tormentas y temporales.

—Lo que me dices no es fácil —dijo el hombre con una triste sonrisa.

El jardinero se detuvo y le miró con ternura.

—No. No es nada fácil —respondió serenamente—. Y necesitarás el valor de un guerrero para alcanzar el premio del torneo de la vida.

La felicidad

—Qué debo hacer, jardinero, para alcanzar la felicidad? –dijo la hermosa joven.

El jardinero dejó escapar una risa inocente.

—No la busques –respondió.

La muchacha quedó confusa.

—¿Cómo puedes decirme eso? –preguntó un tanto molesta por sus risas–. Todo el mundo busca la felicidad...

—... Y muy pocos la encuentran... –la interrumpió el jardinero riendo todavía.

La irritación de la impulsiva joven iba creciendo, y esto no hacía sino aumentar la diversión del hombre.

—Verás... –continuó el jardinero intentando calmarla–. Todo el mundo busca la felicidad. Unos la buscan en la persona amada, otros en la acumulación de dinero y bienes, otros en la consecución de sus sueños... Todo el mundo se pasa la vida persiguiendo un sueño por realizar, y cuando lo consigue, alcanza una felicidad que cree que durará eternamente. Pero pasado un tiempo vuelve la monotonía y la desilusión, y todo el mundo vuelve a buscarse un nuevo sueño por cumplir, hasta que lo consigue y vuelve a caer en la desilusión, y así sucesivamente.

—¿Quieres decir que no es posible alcanzar una felicidad duradera? –le volvió a interrogar la muchacha.

—¡Oh, no! No he querido decir eso.

—Entonces, ¿cómo se alcanza la felicidad duradera? –insistió la joven con visibles muestras de impaciencia.

El jardinero le hizo un gesto para que se calmara.

—No se alcanza –le respondió–. No se puede alcanzar algo que siempre ha estado contigo.

—Jardinero, me vas a volver loca. Si siempre ha estado conmigo, ¿cómo es que yo no la noto?

—¿Acaso notas la flor que llevas en tus cabellos? –preguntó el jardinero.

—Cuando me detengo a pensarlo, sí –respondió levantando su mano hasta la flor.

—¿Acaso no te das cuenta de que eras feliz cuando te detienes a pensar en tu pasado?

—Bueno… Sí… –balbuceó–. Pero…

—Pues detente a pensar en la felicidad que sientes ahora –la interrumpió el jardinero–. Todo el mundo se comporta como aquel hombre que se pasó el día buscando sus gafas, para terminar dándose cuenta de que las llevaba puestas.

»Siempre hemos sido felices, pero sólo nos damos cuenta cuando ha pasado el tiempo y la distancia nos permite ver la totalidad de lo vivido.

»La felicidad siempre ha estado en ti; nunca te ha abandonado. Ni siquiera cuando la vida te ha hecho pasar por el dolor y la amargura. Sólo que no la veías, tu obcecación por encontrarla y por huir del dolor no te dejaba verla.

»Pon atención a tu vida, a lo que te rodea, a lo que sientes… y descubrirás que eres feliz ya, en este momento, que la felicidad forma parte de ti, porque la felicidad es como una verde pradera en donde baila la Vida sus danzas de vida y muerte, de amor y soledad.

Y acariciando la mejilla de la muchacha, le dijo con ternura:

—No busques la felicidad. Si deseas buscar algo…, busca la Vida.

El hada triste

Una noche estival en que el viento de tierra adentro no dejaba a la tierra refrescarse con el rocío, salió el jardinero de su cabaña con la intención de darse un baño. Estaba ya bien entrada la madrugada, pero después de muchas vueltas en su lecho intentando conciliar el sueño inútilmente, el jardinero decidió levantarse para ir a refrescarse en el estanque.

Por el camino, cuando pasaba junto a una masa de prímulas, descubrió de pronto a un hada sentada sobre una flor. El jardinero se detuvo a observarla, pero el hada parecía no percatarse de la presencia del hombre. Con los codos sobre sus rodillas, mantenía apoyada la cabeza entre las manos, con el semblante triste de un niño.

—Buenas noches, pequeña —le dijo el jardinero, provocándole al hada tal sobresalto, que se cayó de la flor desapareciendo entre el follaje—. Perdona que te haya asustado —le volvió a decir cuando la vio asomar de nuevo entre las hojas.

—No te preocupes, jardinero —dijo el hada—. Ha sido culpa mía no reparar en tu presencia.

Y volvió a sentarse en la misma flor y en la misma posición en que la había encontrado el jardinero.

—¿Qué te pasa? –preguntó éste–. Te veo triste y abatida.

El hada le miró como quien sale de un sueño y tardó un instante en contestar.

—Oh…, bueno…, es que… no me gusta ser un hada.

—¿Por qué? –preguntó el jardinero sorprendido.

—Porque me gustaría ser lista como los gnomos… o inteligente, como vosotros los hombres.

El jardinero meditó por un momento la respuesta del hada, al cabo del cual le dijo:

—La inteligencia es útil para unas cosas, pero no para otras.

—¿Cómo que no? La inteligencia es muy importante para todo en la vida…

—¡No, no, no! –la interrumpió el jardinero–. ¡Lo importante no es ser inteligente, sino sabio!

—No te entiendo –le dijo el hada moviendo la cabeza.

El jardinero se sentó en el suelo delante del hada.

—El roble no es inteligente, pero sí es sabio; cuando es capaz de crear semillas llenas de vida que ni el hombre más inteligente podría crear.

»El águila no es inteligente, pero sí es sabia; cuando, al criar un polluelo, sabe exactamente lo que tiene que hacer para que crezca sano y se convierta en un ave majestuosa. Sin embargo, hay muchos hombres que son muy inteligentes pero que no son sabios; cuando se enzarzan en odios y guerras, y utilizan su inteligencia para descubrir nuevas formas de destruir y hacer mal a otros hombres.

»No confundas la inteligencia con la sabiduría, y no desees tener algo que no necesitas para cumplir la misión que la

Vida te ha encomendado. Ella le da a cada uno lo que necesita para hacer lo que tiene que hacer, y le da esa sabiduría en su propia naturaleza para que, sin ningún esfuerzo, pueda hacer las cosas necesarias en el momento necesario.

El hada dibujó una hermosa sonrisa.

—Creo que te entiendo.

El jardinero suavizó el tono de su voz y, con palabras cargadas de ternura, le dijo:

—No desees ser otra cosa que lo que eres: una delicada y hermosa hada. Porque con tu belleza llenas los bosques de encanto y alegría, y porque con tu sabiduría salpicas los campos con los colores de las flores y la fragancia de las plantas aromáticas.

»¿Qué sería de nosotros los hombres sin la frescura de vuestro trabajo? ¿Para qué queremos tanta inteligencia si no somos capaces de darle su aroma a una flor ni la magia intangible al bosque profundo?

Y el hada, dando un salto de alegría, se lanzó en un rápido vuelo a la cara del jardinero, y dándole un beso en la punta de la nariz desapareció por entre las ramas de unos cedros cercanos.

Al día siguiente, una vez más, los vecinos del pueblo se preguntaron qué habría pasado con la nariz del jardinero, que tanto le brillaba con aquel resplandor dorado.

El silencio

Nadie sabía qué le había pasado al jardinero. Durante una semana nadie le vio despegar los labios, y cuando sus amigos le preguntaban la razón de su mudez, simplemente les sonreía y levantaba los hombros en un gesto resignado. En el pueblo unos decían que estaba afónico, otros que Dios lo había dejado mudo para que no siguiera extendiendo el mal con sus palabras, y otros decían que estaba loco y que sería uno más de sus disparates.

Al cabo de diez días volvió a hablar, y cuando un amigo le preguntó el motivo de aquel prolongado silencio, le dijo:

—Los últimos meses mis labios han dicho demasiadas palabras a unos y a otros, y es entonces cuando se corre el peligro de que las palabras se queden vacías de sabiduría, como las conchas de la playa, que aunque puedan parecer hermosas, no tienen alma ni vida. Por esta razón mi boca ha estado cerrada, reposando en el silencio del espíritu; porque es del silencio de donde surge la palabra que nutre y alimenta.

La llanura blanca

Y en el silencio de su alma en aquellos días, el jardinero oraba así:

No dejes que se enturbie mi canto dorado del ayer con la nube pensativa de un mañana sombrío. Ni sueltes mi mano infantil en medio de este desierto callado. Que aunque la Luna sonriente me acompañe en la soledad de mi corazón, mi alma espera cautiva el cegador destello de tus ojos.

No olvides las promesas que me hiciste cuando del sueño baldío viniste a despertarme con un beso. No es sino la sangre de mi alma la que te ofrendé en el cuenco de mis esperanzas, perdidas ahora en el recuerdo del inevitable ocaso. No te alejes de mí..., no te escondas en mi pecho. Y no dejes que las flores cristalinas de mi llanto se pierdan en la arena del pasado. Como escarcha helada en las ventanas del invierno, mi amor espera tu llamada delicada, pegado a los cristales del futuro errante, intentando atisbar la dulzura de tu presencia.

Escúchame. Vuelve de nuevo tu rostro luminoso. Mírame a los ojos con el dulzor de tu mirada.

Y dime que en la llanura blanca me esperas... para llevarme entre tus manos al altar del templo de los sacrificios.

Bienaventurados

Las nubes de la tormenta se alejaban poderosas tierra adentro, y el Sol volvía de nuevo a su labor por los resquicios de sus masas oscuras.

Un rayo de Sol iluminó súbitamente el ribazo del sendero por el que el jardinero caminaba aspirando el aroma de la tierra húmeda, y destacó entre las hierbas la figura de un pequeño caracol que lentamente se arrastraba entre ellas.

El jardinero se detuvo y se dedicó a contemplarlo durante un largo rato, al cabo del cual dijo:

—Bienaventurados los lentos, porque no se pierden ni el más mínimo detalle de la vida.

El maestro

O curió en los primeros días del verano. Un anciano extranjero, alto y de ojos azules, apareció en el pueblo preguntando por el jardinero. Cuando los dos hombres se encontraron, se fundieron en un silencioso abrazo, y el jardinero le invitó con la mejor de sus sonrisas a alojarse en su cabaña.

Estuvo allí durante cinco días, y la gente del pueblo los veía pasar por sus calles y por los caminos de la comarca enfrascados en largas conversaciones. Algunos decían que los habían visto charlar hasta altas horas de la madrugada en la puerta de la cabaña, y que en todo momento el jardinero trataba al anciano con respeto y reverencia.

Al cabo de aquel tiempo, el extranjero partió, despidiéndose del jardinero con lágrimas en los ojos. Los dos hombres sabían que no se volverían a ver en carne mortal, pero ninguno de los dos dijo nada que pudiera revelar lo que sabían en su corazón.

El jardinero estuvo silencioso y taciturno en los días siguientes, y nadie se atrevía a preguntarle por aquel hombre extraño que había estado en su cabaña.

Al fin, una mañana, uno de sus amigos se animó a preguntar por el anciano extranjero.

—Ese hombre era mi maestro –le confesó el jardinero–, y por eso me visteis tratarle con tanto respeto. Hace ya muchos años, él me mostró el camino que mis ojos no atinaban a encontrar; dispuso mi corazón y mi inteligencia para enfrentarme a los peligros y dificultades que en el sendero irremediablemente me iba a encontrar; y me dio el valor y la determinación de un guerrero, para que me atreviera a llegar hasta las últimas consecuencias de la labor emprendida.

»Él me señaló el camino, pero no lo anduvo por mí. Me enseñó a levantarme sobre mis propios pies sin necesitar más apoyo que el de la propia Vida latiendo dentro de mi pecho. Me educó en los etéreos reinos del espíritu para que pudiera hablar cara a cara con las fuerzas invisibles del cielo y de la Tierra. Y me alimentó con su amor para que pudiera crecer libre y confiado.

»Pero lo más sublime que me pudo dar ese anciano fue el ejemplo de su presencia, su manera de estar en la vida; tierno y fuerte a un mismo tiempo, dulce y severo en su juicio, desafiante ante los vendavales del destino y de la muerte.

El jardinero, conmovido, apretó los labios mientras dos gruesas lágrimas caían por sus mejillas.

—Éste ha sido nuestro último encuentro –expresó serenamente–. Su alma está dispuesta para el último vuelo…, el que le llevará a la sagrada montaña de la Luz…, al palacio dorado de los Elegidos.

Bajo la luz de la Luna

F ue un simple sueño, pero el jardinero lo iba a guardar en su pecho durante toda su vida. Soñó que se encontraba en su jardín, mirando a una Luna entretenida con el canto de los grillos. De repente, había visto cómo su alma se elevaba vaporosamente y ascendía por el cielo hacia la redonda cara de marfil. Vio su cabaña y el jardín desde el cielo, y más tarde el pueblo y la comarca; y reconoció los lugares por los que solía pasear y las casas en donde vivían sus amigos, mientras los perros le saludaban con sus ladridos.

Siguió ascendiendo en las alturas hasta que el Sol se asomó por detrás de la Tierra, con un estallido de luz que sin embargo no hirió sus ojos. Entonces se dio cuenta de que estaba rodeado del negro terciopelo de una noche eterna, en la que el Sol brillaba con un fulgor indescriptible. Le resultaba muy extraño estar al mismo tiempo en medio del día más luminoso y de la noche más oscura.

Cuando llegó a la Luna no podía apartar su mirada de la Tierra: una preciosa media Tierra azul, flotando en la negrura de un universo que parecía latir.

Su corazón se conmovió.

Y vio con los ojos de su alma el absurdo de las miserias con las que se cubrían los hombres en la Tierra, el desatino del odio y de la guerra, la necedad de la avaricia, la envidia, la venganza y la mentira, la insensatez de las fronteras y los reinos del mundo… Y su corazón floreció con una pasión desbordante de amor por la Tierra, el origen de su existencia, la madre amante que le había nutrido y acariciado.

«Madre…», susurraban sus labios una y otra vez a la luz de la Tierra.

«Madre…», susurraron sus labios cuando despertó bajo la luz de la Luna.

La perfección inmutable

L a semilla de la sabiduría es la ignorancia. Cuando un hombre descubre su ignorancia, acaba de pisar los umbrales del reino de la sabiduría.

El jardinero había dicho esto con una ligera sonrisa, creyendo que el grupo de jóvenes que habían ido buscando sus palabras estarían ya cansados de tanta conversación y desearían dar un paseo por el jardín.

Pero se equivocó. Aquellos jóvenes no parecían estar dispuestos a irse sin beber algo más del manantial de su alma.

—¿Cuál es la semilla de la felicidad, jardinero? –preguntó una muchacha.

—El dolor –respondió escuetamente el jardinero.

—¿Y la de la alegría? –preguntó otro.

—La tristeza.

—¿Y cuál es la acción más perfecta?

—La que surge de la más absoluta quietud.

—¿Y el origen de la vida?

—La muerte.

Se hizo el silencio con la última palabra del jardinero. En algunos rostros se reflejaba la confusión, en otros la duda. El hombre bajó la mirada al suelo, y luego, mirándolos a los ojos, les dijo:

—No os extrañe lo que acabáis de oír de mis labios, pues la verdadera felicidad sólo puede nacer de la comprensión profunda del dolor y de sus causas; y la verdadera alegría sólo puede crecer en el corazón que ha conocido la oscura noche de la tristeza.

»La acción más perfecta es la que nace de la total quietud, por cuanto sólo en la quietud de la meditación puede conocer el hombre los motivos de sus movimientos; y el origen de la vida sólo se puede encontrar en la muerte libremente aceptada de una imperfecta existencia anterior.

»Ved si no cómo la semilla debe morir como tal para convertirse en un frondoso árbol, y que cuando comience a extender sus tallos necesitará de la descomposición de la muerte de las hojas secas para alimentar su tierna vida en crecimiento.

»Ved cómo la marea necesita del reflujo de las olas para tomar impulso y volver a lanzar una nueva ola que vaya más allá que la anterior.

»Ved cómo la naturaleza necesita del descanso del invierno para recuperar las energías que después irradiará en la plenitud del verano.

»No es el mal, sino el bien en proceso de crecimiento, el bien que no ha alcanzado todavía su culminación. Y la muerte no es sino el paso a una nueva vida que alcanzará su culminación y, con ella, el camino hacia una nueva muerte que llevará a una nueva resurrección.

»La Vida, el universo, el Todo, es un cambio constante, una evolución perpetua entre dos polos que lleva a una mayor perfección. Y de ese cambio constante se deriva la Perfección Inmutable, como el incesante vaivén del péndulo nacido del punto fijo del que cuelga la pesa.

»No son mis palabras extrañas sino para aquel que aún no se ha sumergido en la paradoja de la Vida, la paradoja en la que se encuentra el total sentido y sin sentido de la existencia, en donde el tiempo detiene su curso, en donde el Sol, la Luna y las estrellas se paran en el cielo, en donde todos los seres y la naturaleza entera guardan silencio....

Un deseo irresistible

El jardinero se sentía pleno de energía aquella cálida tarde de primavera. Había salido de su cabaña con la intención de meditar a los pies de la gran encina, pero cuando llegó allí no pudo resistir la tentación de encaramarse a sus gruesas ramas.

Después de pedirle permiso al árbol, trepó por su tronco y se sumergió en el follaje de sus hojas, y cuando se iba a acomodar en uno de los ángulos de las ramas, se encontró con que a poco más de un metro de él había un pequeño duende observándole desde sus ojos traviesos.

—¡Hola! –dijo el jardinero.

—¡Hola! –le respondió el duende–. ¿Qué haces por aquí?

El jardinero se encogió de hombros y le dijo:

—Pues... que he sentido un deseo irresistible de subirme a este árbol y... aquí estoy. Y tú, ¿qué haces aquí?

—Lo mismo que tú –le contestó el duende con un gesto infantil–. He sentido un deseo irresistible de subirme y... aquí estoy.

—¡Ah! –dijo el jardinero moviendo la cabeza.

Y no se dijeron nada más.

El jardinero se sentó en el cruce de las dos ramas y se quedó en silencio; y, pasados unos minutos, el duende, sin decir nada, trepó por su brazo y se sentó sobre uno de sus hombros.

Y los dos amigos contemplaron la puesta de Sol por un agujero que se abría en la espesura de la encina.

Cuando el fruto está maduro

Sentados en las piedras de un pozo que había junto a un albaricoquero, la hermosa joven y el jardinero charlaban sobre un amigo común, mientras el hombre comía plácidamente de los frutos del árbol.

—Llegué a amarlo como nunca había amado a nadie –dijo la mujer–, pero él se aprovechó de mí fingiendo que me quería.

El jardinero le ofreció una fruta a la joven, pero ésta rehusó el ofrecimiento en silencio.

—¿Acaso puedes conocer el sabor de una fruta sin haber ido más allá de su piel? –le preguntó el jardinero–. Quizás su sabor sea más dulce de lo que crees… Quizás, simplemente, no has sabido apreciar lo único que te podría ofrecer…

La muchacha seguía con el pensamiento fijo en el desengaño que había sufrido.

—¡Jamás le perdonaré lo que me hizo! –dijo al fin con el fuego que ardía en su corazón.

El jardinero, acariciando sus cabellos, le mostró el fruto que acababa de abrir diciendo:

—¿Has visto? Cuando el fruto está maduro, se desprende limpiamente del hueso.

La sombra aburrida

Volvía el jardinero hacia su cabaña después de una mañana de trabajo en el jardín, cuando, de pronto, se detuvo a observar su sombra que, acostada en el suelo, parecía observarle con desgana.

El jardinero levantó un brazo, y la sombra imitó su movimiento. Luego levantó una pierna y la agitó en el aire, y la sombra, fiel a su trabajo, repitió exactamente las mismas acciones.

Bajando la pierna y el brazo nuevamente, el jardinero se quedó mirando a su sombra, y después de unos instantes le dijo:

—¡Ya podrías sorprenderme algún día!

La recolección

Las puertas del jardín siempre estaban abiertas, aun cuando el jardinero estuviera ausente.

Un amigo de éste y un vecino del pueblo que no había tenido casi trato con él habían acudido a su cabaña y, al no encontrarlo, decidieron dar un paseo entre los rosales mientras esperaban su llegada.

—No acabo de entender a este hombre –le dijo el vecino al amigo del jardinero–. Podría vivir mucho mejor de lo que vive si no desdeñara tanto el dinero, pues no dudo que es una persona inteligente que podría defenderse muy bien en cualquier trabajo que emprendiera. Y, sin embargo, ahí lo tienes, viviendo en esa pequeña cabaña, con lo justo para salir adelante.

—Él no entiende la vida como nosotros –le dijo el otro, justificando a su amigo.

—Pero ¿es que acaso hay otra manera de entender la vida? –replicó escéptico el vecino–. Sólo hay una manera de entender las cosas en este mundo: cuanto más dinero y más posesiones tengas, mejor. Y si alguien se cruza en tu camino para impedírtelo, apartarlo rápidamente.

El amigo del jardinero sonrió.

—El jardinero dice que las plantas y los árboles hablan a los hombres de la vida, y que lo hacen con palabras mudas pero sabias.

»Él dice que el que muchas cosas desea es como el árbol que intenta cargarse con demasiados frutos, que llegado el tiempo de la cosecha no ha conseguido madurar ni uno solo de ellos; y que sus ramas, bajo el peso excesivo de la fruta verde, terminan por curvarse hacia el suelo o desgajarse del tronco en el peor de los casos.

»Dice que, al igual que hace el labriego con esos árboles, el hombre debe esclarecer sus ramas de deseos innecesarios cuando aún está a tiempo, con el fin de que, cuando llegue la recolección, pueda dar abundante fruta dulce y jugosa.

El otro hombre, con el ceño fruncido, se quedó pensando en las palabras del amigo del jardinero por un momento, al cabo del cual preguntó:

—¿Y a qué se refiere tu amigo con la recolección?

—Al momento en que el alma de cada uno hace balance de lo realizado con la vida que se le dio —fue la respuesta.

—Entonces, que no se cruce en mi camino —exclamó ásperamente.

Y dando media vuelta se fue de allí sin esperar a que volviera el jardinero.

Amanecer

En las tranquilas horas que preceden al alba, el jardinero salió de su cabaña y tomó el camino que desde el barranco de las tierras rojas subía a la montaña. Con las primeras claridades del horizonte se sentó en lo alto de un risco, serena el alma ante la grandiosa majestad del paisaje, que comenzaba a desperezarse con los tímidos cantos de los pájaros.

El Sol despuntó en la lejanía.

El jardinero, embriagado de aire y luz, cerró los ojos. En su alma cantaban sus versos los cien mil poetas que desde el lejano albor de la vida habían sangrado su corazón conmovido ante el arrebato dorado del amanecer.

Luz...

Vida...

Despertar...

El jardinero, en voz muy bajita, como en una ofrenda, se puso a cantar.

El ruiseñor

Con los primeros calores del verano, un ruiseñor buscó cobijo en la espesura del jardín. Junto al estanque, desde un pino negro, se le oía cantar todas las noches, derramando sus dulces melodías sobre el coro armónico de los grillos.

Desde que oyera su voz por vez primera, el jardinero no había dejado de acudir todas las noches a escuchar desde las rocas del estanque sus ágiles trinos, y allí se encontraba más de una vez con una niña de trenzas rubias que, aprovechando el descuido de sus mayores en las entretenidas charlas nocturnas a la puerta de la casa, se escabullía entre las sombras de la calle buscando el sendero del jardín.

Una de aquellas noches en que la niña escuchaba extasiada el canto del pájaro, apareció el jardinero y se sentó en silencio a su lado.

—¡Nunca había oído algo tan hermoso! –dijo la niña, bajito, sin dejar de mirar en la dirección de la que venía la melodía.

El hombre sonrió a la inocencia de la niña.

—Quizá por eso los ruiseñores canten de noche –dijo él en un susurro–, para que apreciemos el tinte de su belleza sin que nos distraiga el canto de otras aves.

La niña volvió su rostro hacia el hombre y, con los ojos muy abiertos le preguntó:

—Jardinero, ¿tú has visto alguna vez al ruiseñor?

—¡Oh, sí! –respondió él–. Ayer por la tarde lo vi revoloteando entre las ramas bajas del pino negro.

—Debe de ser muy hermoso cuando canta esas melodías tan bellas…

—¡Oh, no creas! –dijo el jardinero con una sonrisa–. No se diferencia mucho de cualquier otro pájaro de los que ya conoces. Es como un gorrión, pero un poco más grande.

—¿Y cómo puede ser que cantando tan bien no tenga plumas de colores vivos y un penacho en la cabeza? –dijo intrigada la niña.

—Porque la Vida quiere que las mejores esencias se escondan en formas sencillas.

La niña le miró con ojos inquisitivos, esperando una respuesta que pudiera comprender su mente infantil.

—¡Oh…, perdona! –le dijo el jardinero al darse cuenta–. Mira las rosas, el espliego, el jazmín… ¿Dónde encontrarás mayor belleza y aroma más perfumado? Si la Vida hubiera querido darles a estas flores un marco ostentoso las habría hecho crecer en árboles de gruesos troncos que se vieran desde la lejanía. Y, sin embargo, crecen en humildes plantas de finos tallos, que se ofrecen a la altura de nuestros ojos y nuestras manos.

»Mira las pequeñas abejas, tan diminutas y humildes frente al águila altiva. Y, sin embargo, nada puede compararse con la dulzura de su miel. Es en lo pequeño, en lo humilde y lo sencillo, donde la Vida ha puesto la imagen de su alma.

La niña, moviendo la cabeza, le indicaba al jardinero que comenzaba a comprender.

—Yo soy pequeña –dijo–. ¿Quieres decir entonces que yo soy como el ruiseñor?

—Sí —respondió el hombre—, como el ruiseñor, como las rosas, como el jazmín y las abejas...

—Y cuando me haga mayor..., ¿qué pasará?

—Cuando te hagas mayor seguirás teniendo dentro la imagen del alma de la Vida, porque también en la humilde y sencilla forma del hombre y la mujer puso ella la esencia del universo.

»En todo ser humano se oculta la presencia divina, pero no todos los hombres le dejan elevar sus cánticos gozosos. Sólo unos pocos, como el ruiseñor entre las demás aves, buscan la noche y el silencio de su alma para abrir su corazón a las melodías celestes.

—No termino de comprender lo que dices —dijo la niña bajando los ojos—, pero supongo que lo que tengo que hacer es seguir siendo pequeña, ¿no?

El jardinero se conmovió en su corazón por la sabia inocencia de la niña.

—Sí. Debes seguir siendo pequeña... —le dijo en un susurro— ...y sencilla como el ruiseñor.

Vida

—¿Por qué siempre estás hablando de la vida? –le preguntó un amigo.

—Porque es aquello de lo que todos tenemos en abundancia –respondió el jardinero.

—Sí, pero no hace falta recordarle a nadie que está vivo.

—¿Estás seguro?

—¡Claro!

El jardinero exhibió una sonrisa socarrona.

—Repíteme eso la próxima vez que venga el recaudador de impuestos.

Incoherencia

U n joven alfarero, ávido de las enseñanzas del jardinero, le preguntó en cierta ocasión:

—Jardinero, ¿hay en el camino que lleva a la Vida alguna herida que el alma no pueda cerrar?

El jardinero levantó las cejas con un gesto de resignación.

—Sí. Hay una.

—¿Y cuál es? –volvió a preguntar el muchacho.

—La incoherencia –respondió escuetamente el jardinero.

—¿La incoherencia? –se extrañó el joven, que esperaba alguna cosa de mayor dramatismo.

Moviendo la cabeza, el jardinero dejó salir una sonrisa cansada.

—La incoherencia es la compañera infatigable del buscador infatigable –le dijo–. Es el comensal no invitado a la fiesta que termina poniéndote en evidencia después de haber satisfecho su apetito.

»El alma te dice cuál es el camino que debes tomar, y tú aceptas en tu corazón que ése es el camino adecuado. Pero luego, no sabes cómo, te ves caminando por el sendero equivocado, sin saber cómo explicarte a ti mismo lo sucedido.

»Uno dice esto o aquello y, poco después, se traiciona a sí mismo haciendo todo lo contrario, y cuanto más se hace el propósito de no volver a caer, más veces cae en el error.

»Es como una pulga impertinente que cuanto más te rascas, más te pica.

El joven estaba intentando asimilar las que parecían ser enormes dificultades de ser coherente con lo que uno afirma.

—Entonces, ¿no hay manera de alcanzar la coherencia entre lo que uno dice y lo que hace? —preguntó.

—Puedes alcanzar un cierto grado de entendimiento, siempre y cuando no entables una lucha a muerte con ella, siempre y cuando la dejes vivir a tu lado como una sombra que no puedes despegarte de los pies.

»Y cuando llegas a hacer amistad con tu propia incoherencia, entonces ella te hace un don que no esperabas.

—¿Cuál? —preguntó el joven intrigado.

—La humildad.

El chopo y el roble

U n muchacho de quince años comenzó a trabajar con el jardinero en el cuidado de las flores y los árboles del jardín. Su padre, un viejo amigo de aquél, le había pedido que lo tomara a su cargo para enseñarle el arte que él conocía tan bien, con el fin de que algún día pudiera hacer algo con lo cual ganarse la vida.

El zagal, de buen carácter, pero impaciente como un gorrión hambriento, hacía los trabajos que le mandaba el jardinero con una rapidez pasmosa, pero carente de cuidado. En una ocasión, en sus primeros días con el jardinero, en que con las prisas plantó mal un seto de cipreses, el hombre le llamó la atención con el ceño adusto.

—Deberás aprender la lección del chopo y del roble –le dijo severamente.

El muchacho guardó silencio esperando la letanía consiguiente a la lección anunciada; pero, como quiera que el jardinero no se arrancaba a hablar y el silencio se estaba cargando demasiado, le preguntó tímidamente:

—¿Y cuál es esa lección?

El jardinero no pudo fingir más su disgusto y soltó una sonora carcajada, mientras el chico, bastante confuso, intentaba esbozar una sonrisa. El hombre cogió al muchacho por los hombros, invitándole a que le acompañara.

—Deja tus herramientas ahí –le dijo–. Nos vamos a dar un paseo.

Y salieron los dos del jardín tomando el camino que, a través del pueblo, llevaba al río, hasta que alcanzaron sus orillas en el lugar en donde yacían las ruinas del antiguo molino.

—Mira. ¿Ves aquel chopo? –le dijo señalándole un alto y esbelto árbol.

—Sí –le respondió el muchacho.

—Y ahora, ¿ves este roble? –le volvió a preguntar mostrándole un joven roble poco más alto que ellos y con un tronco del grosor de dos dedos.

—Sí…, ¿por qué? –inquirió el chico.

—Estos dos árboles tienen la misma edad –afirmó rotundamente el jardinero.

El muchacho volvió a mirar los árboles, sorprendiéndose de que el chopo tuviera el tronco veinte veces más grueso que el del roble.

—¿Y cómo puede ser que tengan la misma edad? –preguntó–. El chopo es más grande que el roble…

—Sí –le interrumpió el jardinero–, es más grande porque crece mucho más rápido…

El joven hizo una mueca que indicaba que empezaba a comprender.

—…pero su madera –continuó diciéndole– es mucho peor que la del roble.

Silencio.

El muchacho no acababa de vislumbrar adónde quería llegar el jardinero, y le miró a la espera de que, esta vez, el hombre se arrancara por sí solo.

Y así fue.

—Quieres hacer las cosas demasiado rápido –le dijo pausadamente–, y quieres aprender demasiadas cosas en muy poco tiempo. Al igual que el chopo, eres un impaciente.

»Sin embargo, fíjate en el roble y aprende su lección. El roble tarda más de cuarenta años en hacerse adulto, y aún entonces necesita muchos más hasta que consigue hacer un tronco grueso y robusto. Pero su madera es la más dura y resistente que puedes encontrar en la comarca; una madera que puedes utilizar no sólo para hacer muebles, sino también para hacer vigas maestras que soporten el peso de las casas.

El jardinero puso su mano en el hombro del muchacho, amablemente, y con mucha dulzura, continuó:

—Esto es lo que quería que aprendieras. Si deseas llegar a tener «madera» de jardinero, tendrás que aprender a dominar el sutil arte de la paciencia, porque un jardinero sin paciencia querrá que los árboles y las plantas le crezcan en pocos días, y ése es un lujo que la naturaleza no se permite.

»Así que observa bien el roble e imita su parsimonia, para que puedas llegar a dar una buena madera con la que puedas construir una casa para ti... y para todos aquellos que a lo largo de tu vida te pidan cobijo.

Y, después de aquello, siguieron paseando por la orilla del río, conversando sobre la sabiduría de las plantas y dejando el trabajo para una mejor ocasión.

Recuerdos

Volviendo de trabajar en una viña que el jardinero había comprado en las cercanías del pueblo, se detuvo en el mesón que, junto al camino de la ciudad, daba provisiones y cobijo a los viajeros.

Después de pedir un vaso de vino al mesonero se sentó en una vieja mesa de roble macizo, en la que un forastero comenzaba a mostrar los primeros síntomas de la embriaguez.

El hombre asaltó inmediatamente al jardinero con una conversación trivial sobre los rigores del clima en la meseta por la que, en los últimos días, había estado viajando. No cabía duda de que el forastero tenía ganas de hablar con alguien, pero el jardinero estaba cansado por las faenas en la viña y no encontraba demasiadas palabras que ofrecerle.

—La vida es aburrida y monótona —dijo aquel hombre, mirando el vaso de vino que tenía entre sus manos—. Todos los días lo mismo, un año tras otro…

El jardinero lo miró, pero no dijo nada. Bajó la mirada también hacia su vaso de vino y pensó que aquel forastero no tenía razón.

—¿Qué tiene la vida de divertida? —continuó el forastero—. Algún día… un momento…, pero nada más.

El jardinero no quiso levantar los ojos del intenso rojo oscuro del vino.

«¡La vida! –pensó para sí–. ¡Tan llena de misterios! ¡Tan llena de maravillas!». Y por su cabeza comenzaron a pasar los recuerdos de muchos años de encanto y esperanza; recuerdos que solía compartir sólo con los amigos más allegados; ese pasado misterioso, anterior a su llegada al pueblo, que envolvía la vida del jardinero.

Recordó cómo había empezado todo, después de una juventud inquieta y llena de experiencias fascinantes. Recordó la voz que había escuchado en su corazón llamándole a un destino que aún no había acabado de vislumbrar; y cómo lloró desconsolado a la orilla del camino, ante la fuerte impresión que le causara aquella voz en su pecho.

Recordó aquellos primeros años con un grupo pequeño de amigos, fervientes adoradores de la Vida, perdidos en las montañas en largas conversaciones con las fuerzas de la naturaleza. Recordó las profecías que de distintas y extrañas personas les habían llegado, hablándoles de una esperanza en el mañana que, en la larga búsqueda, siempre quedaba lejana.

Recordó a su maestro, aquel alto nórdico de ojos azules, y sus asombrosas enseñanzas espirituales. Recordó aquel día en que se fundió con la Luz en la cima de una montaña, y todas aquellas veces en que se había sentido poseído por el Espíritu de la Vida, mientras una paz que iba más allá de toda comprensión le sumergía en las moradas celestes.

Recordó sus amores y sus desilusiones, sus conquistas y sus fracasos, sus esfuerzos sobrehumanos por alcanzar el origen de la Verdad. Recordó a los que en sus viajes habían aparecido con un corazón grande y generoso, para luego desaparecer en las neblinas de la distancia; y también a aquellas primeras jóvenes almas que habían escuchado sus palabras con la esperanza puesta en un mundo mejor; y recordó a aquella extraña sacerdotisa de los cultos antiguos que involuntariamente le sumergió en el mar de la confusión y le dio aquel prodigioso collar que, desde entonces, guardó consigo como símbolo de su espíritu inalcanzable.

Recordó su exilio en las islas del norte, libremente buscado y aceptado, y su vuelta al seno de su familia en el espíritu, la maravillosa aventura de la amistad, y el agrio sabor de la separación.

Y por fin recordó su llegada al pueblo y la creación del jardín, después de un prolongado ayuno en el que comprendió que todo era Uno. Habían sido tantos prodigios, tantas aventuras, tantas maravillas...

¿Cómo podía decir aquel hombre que la vida era aburrida y monótona?

Quizá su vida lo hubiera sido, pero no dudaba que, si eso era así, se debía a que no había osado lanzarse al océano de la existencia con el atrevimiento del que habla con Dios de igual a igual.

Quién sabe si, simplemente, no quería reconocer que su vida también había sido prodigiosa.

El jardinero salió de su ensoñación en los recuerdos, y se encontró con que el forastero continuaba con su largo monólogo sobre el tedio de la vida.

—¿No lo cree usted así? –le dijo al fin con el aliento del vino.

El jardinero le sonrió y le dijo:

—No, buen hombre. No lo creo así.

La sabiduría de los árboles

—¿Cómo será la vida de un árbol? –le dijo una mañana el aprendiz de jardinero–. ¿Qué sienten? ¿Cómo pasan su tiempo?

—¿De verdad lo quieres saber? –le preguntó el jardinero.

—¡Oh, sí! Me gustaría mucho saberlo.

Y el jardinero le hizo quedarse de pie, quieto, absolutamente inmóvil, en medio del bosque durante toda la mañana.

Cuando el muchacho volvió a la cabaña a la hora de comer, le preguntó el jardinero:

—¿Qué tal? ¿Ya sabes cómo sienten los árboles?

Y el aprendiz le respondió:

—Sí… y nunca creí que aprendería tantas cosas en una sola mañana.

—Has comenzado a comprender la sabiduría de los árboles –le dijo el jardinero satisfecho.

El bosque

Entre las quebradas montañas que se extendían al norte del pueblo había un silencioso lago que, de cuando en cuando, solía visitar el jardinero. Era un lugar especialmente hermoso, rodeado de bosques y riscos, desde donde las aguas tranquilas ofrecían una visión embriagadora de paz y belleza. El jardinero amaba aquel lugar, y muchas veces había buscado su cálida protección, cuando la duda y la confusión oprimían sus pensamientos. Pero el último verano, un espantoso incendio había arrasado los bosques que otrora hubieran presenciado los arrebatos de su espíritu. El jardinero, entristecido, había recorrido las negras laderas de las montañas cuando los tocones de los árboles aún humeaban, y se había prometido volver a dar vida a aquel desolado lago en la medida en que las fuerzas de un solo hombre pudieran alcanzar.

Poco antes del invierno, ya había estado recorriendo el lugar con una bolsa llena de semillas de encina y de roble, acomodando lo mejor posible las bellotas en los sitios más húmedos que encontraba. Y continuó esporádicamente su trabajo a lo largo de aquel invierno, esperando que las lluvias de la primavera dieran vigor a las semillas, para que comenzaran su andadura por la vida.

Poco antes del siguiente verano volvió a visitar el lago, buscando entre las nuevas hierbas y los retoños de pino las señales de la nueva vida que él había sembrado. Su alegría no encontró límites cuando vio que, entre los brotes de romero, aparecían las tiernas hojas de un roble cuya semilla recordaba bien haber plantado. Siguió caminando y se encontró con más y más brotes, de roble y encina, y el jardinero pensó que había valido la pena el esfuerzo de aquel invierno.

Fue entonces cuando recordó la imagen del primer puñado de semillas que sacó de su bolsa, y de los sueños que surcaron su esperanzada mente teniendo aquel puñado de vida entre sus manos.

Vio un bosque profundo y frondoso, con unos árboles de troncos enormes cubriendo, con una espesa sombra, la vida que latía en su interior. Plantas aromáticas, flores, insectos, aves, animales, viviendo al abrigo del padre bosque, húmedo y nutricio, sabio y responsable de la vida que albergaba.

Ahora veía surgir las primeras hojas de aquel enorme bosque, un bosque que jamás vería en su esplendor, dado que la vida le iba a negar los siglos que ofrecía generosamente a los árboles.

Pero también la vida, pensó mejor el jardinero, le había dado la posibilidad de entrar en los fértiles campos de la eternidad cruzando el muro del tiempo... entre las dulces brumas de la imaginación.

El otro Dios

Estaba el jardinero tomando un vaso de vino con un amigo en el mesón cuando de una mesa cercana se alzó la voz de un hombre que, encontrándose de paso por el pueblo, había entablado conversación con algunos vecinos.

—Dios ha sido generoso conmigo –decía con cierta dosis de orgullo–, porque siempre que le he pedido algo, me lo ha concedido.

»Yo era un simple labriego como vosotros. Y cansado de vivir siempre con la inseguridad de perder una cosecha, terminé por pedirle a Dios que me diera dinero y bienes en abundancia, para que ya nunca más me tuviera que preocupar por mi subsistencia. Y Dios me escuchó, y antes de un año me dio la oportunidad de hacerme rico, y no la desaproveché.

Entre los comentarios de los parroquianos del mesón, el jardinero y su amigo salieron a refrescarse con la brisa de la noche. Ya fuera, el amigo le preguntó al jardinero su opinión sobre las palabras del viajero, y aquél le contestó:

—Me temo que este hombre se equivocó de Dios.

El camino más corto

—¿Cuál es el camino más corto para sentirse dichoso? –le preguntó al jardinero un hombre acomodado y poco acostumbrado a los esfuerzos.

—Dar siempre las gracias –le contestó el jardinero.

—¿Dar siempre las gracias... a quién? –volvió a preguntar confundido.

—Dar siempre las gracias a la Vida por todo lo que nos da.

El hombre acomodado sonrió con arrogancia.

—¿Y no te parece que si fuera tan fácil, todo el mundo sería feliz? –inquirió nuevamente.

—¡Oh, no! ¡No es nada fácil! –respondió el jardinero–. Ser capaz de agradecer hasta el dolor que la Vida nos manda no es nada fácil.

El hombre dejó de sonreír al ver por dónde iba el jardinero.

—Entonces, no puede ser ése el camino más corto... –dijo.

—¿Cuál es el camino más corto para subir a la montaña? –preguntó entonces el jardinero–. ¿Acaso no será el que, campo a través, lleva directamente desde donde te encuentras hasta la cima?

—Sí. Claro...

—¿Acaso no será también este camino –continuó el jardinero– más difícil de recorrer que el camino que serpenteando asciende poco a poco a la montaña?

—Bueno... Sí. Pero...

—El camino más corto siempre es el más difícil, y sólo lo pueden recorrer los esforzados y valerosos.

La cacería

El calor estival hacía sentir su peso en los campos de la comarca, mientras la desmedida evaporación del agua había formado densas y oscuras nubes que, desde el este, amenazaban con descargar la tormenta. El jardinero, dentro de su cabaña, estaba ocupado atrapando moscas que, como suele ocurrir en las horas previas a las tormentas, estaban resultando demasiado molestas y pegajosas.

Estando en ese trance, llegó un amigo y le sorprendió en la ardua tarea de caza emprendida, y pensando que el jardinero estaba comenzando a rebasar los límites aceptables de lo que se entiende por una persona «extraña», le preguntó qué estaba haciendo.

—Cazar moscas. ¿No lo ves? –contestó el jardinero.

—Sí, claro que lo veo. Pero ¿para qué estás cazando moscas?

—Para soltarlas fuera de la cabaña –dijo, sin dejar de perseguir a sus rápidas presas.

El amigo hizo un gesto de no comprender.

—¿Y por qué no las matas? –le dijo–. ¡Terminarás antes con esa molestia!

El jardinero se detuvo un momento, y sonriendo contestó:

—Es que… todavía no ha llegado su hora de morir.

El amigo estaba comenzando a pensar seriamente que el jardinero se había vuelto loco.

—¿Y cómo sabes tú si ha llegado su hora de morir o no? —preguntó perdiendo la paciencia.

Y el jardinero, como si fuera la conversación más natural del mundo, le contestó tranquilamente:

—Es muy sencillo. Si puedo evitar que mueran, es que no ha llegado su hora de morir.

Y continuó cazando moscas.

La señal

Desde la gran montaña, en la distancia, vio venir su imagen poderosa, moviendo las fuertes alas con la elegancia del que se sabe dominador del cielo; y cuando alcanzó las copas de los árboles del jardín, trazó un amplio círculo bajo las nubes.

El jardinero observó al águila largo rato, dando vueltas y más vueltas sobre él. Durante toda la mañana su danza fue un ir y venir por el cielo, desapareciendo cada cierto tiempo para volver a aparecer otra vez rondando las inmediaciones del jardín.

El silencio se hizo dueño de la vida oculta del vergel. Ya no se veía a las ardillas, y los gorriones, escondidos, habían cesado en su escándalo matinal. Sólo el suave murmullo del viento en las copas acompañaba a la muda figura que surcaba el aire.

—Ya he comprendido tu mensaje, hermana águila —dijo el jardinero observando a la soberbia ave—. Puedes volver a tu nido.

Y como si hubiera oído las palabras del hombre, el águila se elevó en un brusco giro y desapareció en dirección a la montaña. Ya no volvió. El jardinero tenía una expresión triste en el semblante. Con las manos cruzadas a la espalda y mi-

rando al suelo, se fue alejando poco a poco de la cabaña por el sendero del estanque.

«El tiempo toca a su fin... —dijo en un suspiro para sí—. Está llegando el momento...».

Y no dijo nada más.

El lenguaje de la Vida

E l aprendiz de jardinero llevaba ya dos años trabajando y aprendiendo en el jardín. En ese tiempo, se había convertido en un joven apacible y responsable, que dominaba en gran medida las artes que el jardinero le enseñara.

Pero, de pronto, el jardinero parecía tener urgencia porque el joven aprendiera todas las habilidades que aún le faltaban por aprender. Le llamaba constantemente para mostrarle cómo tratar con esta o aquella dificultad, y le animaba a practicar lo que le iba enseñando como si el tiempo se terminara entre ellos.

—¿Por qué tienes tanta prisa por enseñarme lo que todavía no conozco de las plantas? –le preguntó amablemente al jardinero, que le miraba con una sonrisa triste.

—No preguntes lo que todavía no es tiempo de contestar –le respondió con cariño.

Y después de un breve silencio, continuó:

—Sin embargo, sí que es tiempo de que vayas aprendiendo el lenguaje de la Vida.

—¿El lenguaje de la Vida? –dijo intrigado–. ¿Qué es eso?

—Es el lenguaje en el que se expresa el mundo que te rodea. La manera de comunicarse contigo el resto del universo.

—Creo que te entiendo –dijo el joven–. Contigo he aprendido a leer en los árboles y en las flores, a escuchar a los pájaros, a sentir a los insectos, a descubrir la lección escondida en todo lo que me rodea.

—Pero esto es algo más –le interrumpió el jardinero.

Y poniendo en orden sus ideas por ver de explicárselo mejor, continuó:

—A veces, la naturaleza, la Vida, intenta hablarte directamente, mandarte un mensaje. Hasta ahora has aprendido a escuchar las voces de los seres que pueblan el mundo en el que estás inmerso; has escuchado sus pequeñas historias, su sabiduría, lo que han aprendido ellos. Ahora tienes que aprender a descifrar los mensajes que la Vida te manda directamente a ti a través de ellos.

El aprendiz hacía esfuerzos por comprender lo que quería decirle el jardinero.

—¿Y cómo sabré que la Vida me está intentando decir algo? –preguntó confundido.

—Simplemente, lo sabrás –le respondió el jardinero–. Hay algo dentro de cada uno de nosotros que le hace saber que lo que termina de suceder quiere decir algo, algo importante que hay que descifrar.

»No existen las casualidades, y cuando algo ocurre y llama nuestra atención de esa manera especial, es porque hay algún mensaje detrás.

—¿Y cómo se puede leer el mensaje? –insistió el joven.

—No con la cabeza –dijo el jardinero–, sino con el corazón. El lenguaje de la Vida tiene que ver con el lenguaje de los sueños; llega con imágenes que impactan en tu pecho creando sensaciones claras que hacen abrirse la mente a la comprensión. Una cigüeña trae el sentimiento de una buena noticia, de algo a punto de nacer; un jabalí impulsa a la bravura y el coraje; un vendaval repentino arrastra lo ya muerto que estorba para los designios de la Vida; una brisa suave que se eleva súbitamente en la calma de la tarde causa la sensación de una caricia al ser escuchado por el cielo... Nada sucede porque sí cuando el corazón está dispuesto a escuchar.

—Creo entenderte –dijo el aprendiz–, pero necesitaré un tiempo para llegar a leer con claridad el lenguaje de la Vida.

El jardinero lo miró a los ojos con amor.

—Dispones de todo el tiempo del mundo –le dijo al fin–. Aprovéchalo. Abre tu corazón a la Vida. Escúchala. Y los mensajes se harán claros a tu alma bajo el grato manto del silencio.

El pino del despeñadero

Sobre un alto despeñadero de las montañas que miran lánguidamente al lago, un retorcido pino asomaba sus desmadejadas ramas al vacío del profundo barranco esculpido durante siglos por el río.

Azotado por el viento desde que diera a luz sus primeras hojas, aquel añoso árbol se aferraba a la tierra y a la vida, penetrando la roca con sus poderosas raíces, buscando el sustrato húmedo que le permitiera seguir en pie arrogantemente frente a los vendavales.

Para el jardinero, aquel pino era una imagen de la voluntad de vivir, un símbolo natural que agradecía observar cuando las fuerzas flaqueaban ante las dificultades de la existencia.

En aquellos días fue a visitarlo, en una amenazante tarde de tormenta. Frente al fuerte viento y las galopantes nubes, el viejo árbol se agitaba de un lado a otro, aferrándose tenazmente a su privilegiado mirador.

El jardinero, con el cabello suelto al viento, se sentó frente a él en el despeñadero y estuvo contemplándolo largo rato en su violenta danza ritual por la supervivencia; hasta que al fin, admirado por su fortaleza, dejó manar sus sentimientos desde el fondo de su alma.

«Hermano mío, que has templado tu voluntad para ofrecer tus semillas al viento; que has curvado en mil formas tu rugoso tronco para que la tempestad no desgaje tus ramas. Háblame del secreto de tu vida cautiva, de la fragilidad de la existencia en tu tenaz combate.

»Muéstrame cómo endureciste tus finas y débiles raíces para poder morder la roca dolorosa de la limitación, y dime cómo vivir sobre el vacío de la incertidumbre de nuestro devenir.

»Háblame del vendaval furioso del destino, del azote perpetuo de la soledad no compartida, para que pueda aceptar el camino que la Vida me pide, como tú aceptas tu curioso designio.

»Comparte conmigo los paisajes que desde tu alta atalaya has vislumbrado. Háblame de la serena majestad de las lluvias del otoño sobre el lago, de las misteriosas brumas que el invierno mece sobre el agua, del aroma de los montes, del tierno rocío... Recuérdale a este corazón dormido el beso ardiente de la aventura y el amor por lo desconocido, pues la Vida me pide un salto más al vacío.

Por sus mejillas corrieron las lágrimas, arrastradas por el viento impetuoso, y levántandose se acercó hasta el viejo árbol; y en un cálido abrazo se cernieron los dos sobre el vacío.

Hijos de la Vida

Una mujer de la ciudad, amiga del jardinero, fue a visitarlo cuando las primeras lluvias de septiembre llegaron a las montañas. Durante los días que estuvo en el jardín, compartió con el hombre y con sus amigos las experiencias que había vivido en la cárcel de la ciudad, a donde solía ir a prestar desinteresadamente su ayuda a los presos.

Era una mujer llena de energía y de fuerza, convencida de la necesidad de su trabajo, que a veces tenía que enfrentarse a los gobernantes y hasta a los mismos alguaciles para conseguir alguna ventaja para los presos, o para obtener la libertad de alguien desahuciado por los médicos.

Cuando se fue, un vecino del pueblo, que sabía de la estancia de aquella mujer en su cabaña y de sus acciones en la ciudad, le dijo al jardinero:

—Esa amiga tuya no debe de estar en sus cabales. A nadie se le ocurriría ayudar a un malhechor. ¿Cómo puede haber alguien que se dedique a favorecer a quienes son un peligro para la gente?

Y el jardinero le dijo:

—¿No te parece que, al fin y al cabo, son los que más ayuda necesitan?

—Pues no –dijo el vecino–. Pudieron elegir su camino y eligieron aquel que los llevó a la perdición.

El jardinero negó con la cabeza.

—Si uno de tus hijos eligiera el camino equivocado, ¿no intentarías ayudarle para que se reformara y volviera al camino acertado? O, si tú no pudieras, ¿no encargarías a alguno de sus hermanos que se ocupara de él?

—¡Claro que lo haría! –exclamó el vecino–. Pero los que están en la cárcel no son mis hijos...

—Son hijos de la Vida, como tú y como yo –le interrumpió el jardinero–. Y la Vida no puede desear otra cosa sino que alguno de sus hermanos se ocupe de ellos. Hacen falta personas como esa mujer, que tengan el valor de dar sus cuidados y su cariño a aquellos que son rechazados por todos. Es muy fácil ser caritativo con aquellos que conmueven nuestro corazón; pero es muy difícil dar lo mejor que hay en ti a aquellos que han vivido sumergidos en la violencia, el rencor, el odio y el egoísmo. Su camino de entrega es el más difícil. Y el más ingrato, por cuanto deben aceptar el rechazo de los demás a su labor amorosa.

El vecino se negaba a comprender las explicaciones del jardinero.

—Puedo aceptar que tu amiga sea una persona de buen corazón, como así lo creo de ti –le dijo–. Pero sigo pensando que es un error ayudar a todos esos malvados.

—Mi corazón y el de mi amiga no son mejores que el tuyo –le dijo el jardinero dulcemente–, ni mejores que los corazones de los que están en la cárcel.

El amor de una madre

El jardinero caminaba con prisas hacia la cabaña. Hacía ya una hora larga que se había dejado la comida en el fuego del hogar, y temía que su olvido le causara el inevitable trastorno que estas cosas traen.

Al pasar por la esquina de una rocalla que había junto a la casa, tropezó con una piedra y dio en parar en el suelo con toda la extensión que su cuerpo le permitía.

Incorporó maltrecho su tronco sobre los fuertes brazos, y con la cara cubierta de polvo dijo:

—¡Cuánto me amarás, querida Madre Tierra, que en cuanto ves que pongo los dos pies en el aire, corres a abrazarme!

El tesoro del gnomo

—¿Qué estás haciendo? –le preguntó el jardinero a un gnomo que se encontraba cavando al lado de una gran seta.

—Estoy buscando un tesoro –le contestó sin dejar de cavar.

—No creo que vayas a encontrar un tesoro ahí –le dijo–. En esta comarca nunca hubo grandes riquezas.

—¡No! ¡No estoy buscando riquezas! –exclamó el pequeño ser–. Estoy buscando mi propio tesoro.

El jardinero ladeó la cabeza como lo hacen los perros cuando oyen algo extraño.

—¿Y crees que tu tesoro está ahí?

—Da igual si está aquí o no lo está –le respondió el recalcitrante gnomo.

—Entonces, ¿para qué buscas un tesoro?

El gnomo dejó su trabajo, se volvió hacia el jardinero con los brazos en jarras y con signos evidentes de estar perdiendo la paciencia, le dijo:

—¿Para qué crees tú que se puede buscar un tesoro?–. Y sin esperar contestación, exclamó–: ¡Para sentirme vivo!

Y continuó con sus paladas mientras el jardinero, un tanto desconcertado, optaba por desaparecer en silencio.

Valoración

En el curso de una larga conversación, el jardinero le decía a un administrador de la ciudad amigo suyo:

—No deberíamos esperar nunca que los demás valoren lo que hacemos.

—¿No? ¿Y qué dirías si de pronto alguien en la ciudad te hiciera una fiesta de homenaje? –le dijo el administrador.

—Diría que no me conocen, y que si me conocieran de verdad no me harían ningún homenaje.

—¿Y si el homenaje te lo hicieran aquí, en el pueblo, donde sí te conocen? –le preguntó nuevamente su amigo.

—Entonces pensaría que debo estar haciendo algo mal –respondió el jardinero con una sonrisa.

Como un niño

El jazmín en flor esparcía su perfume gozoso por los alrededores del arroyo. Sobre el ribazo empedrado a los pies del jazmín, el jardinero se deleitaba en la embriaguez del aroma de unas flores lacadas de blanco de Luna llena, mientras sus labios desgranaban la canción esparcida por la cálida brisa de tierra adentro.

Por amor a ti levanté este jardín, y en sus frágiles flores deposité el beso delicado que como amante hubiera querido posar en tu alma. Pensé que desde tu trono lejano verías alzarse hacia ti las hojas verdes que mis manos alimentaban; y que, como si de mis manos se tratara, te presentarían la ofrenda multicolor de la caricia de mis labios. Fue mi osadía el acto sencillo de un niño, enamorado de quien no puede alcanzar, ni aun sobre las puntas de sus pies, cortejando y declarando su amor con el ofrecimiento de sus dulces o sus piedras de colores.

¡Qué alegría si posaras tu mirada en mis manos esperanzadas, y tu boca me iluminara con la luz de tu sonrisa! ¡Qué alborozo si aceptaras mis flores enamoradas, y pasando tu suave mano por mi pelo me guardara tu caricia! Como un niño, me daría por satisfecho con los brincos de mi dicha y me iría a jugar por el sendero que, cruzando por tus huertas, lleva a las tierras del olvido.

La visión

En el bosque más viejo de la comarca sumergió su alma el jardinero. Durante tres días anduvo errante entre los gruesos troncos de los árboles, desnudo como la naturaleza que le acogía, durmiendo entre los helechos y las setas, y bebiendo tan sólo el agua cristalina de un arroyo rumoroso.

Entre el boj y la madreselva entonó sus cantos de alabanza, y bajo los sólidos rayos que penetraban la espesura elevó sus manos al cielo haciendo ofrenda de su vida y de su alma.

En un sosegado atardecer oyó sus pasos, ligeros y tenues como el susurro de las brisas en las ramas; y entre las hojas de un acebo lo vio aparecer, delicado y altivo, hermoso y puro en la tersa blancura de su piel.

—¡El unicornio! —exclamó en voz baja el jardinero, abriendo los ojos atónito ante el grandioso misterio.

Mansamente, el hermoso animal se le acercó, y entre lágrimas de gozo el jardinero acarició su aterciopelado cuello.

Las puertas del misterio

Y el unicornio le abrió las puertas del misterio, y le llevó dócilmente a los reinos de Luz de donde provenía. Desde aquel día entendió el lenguaje de los pájaros, las conversaciones de los árboles en las noches de Luna y las historias que cuentan las aguas en las cascadas.

Y comprendió que toda la Tierra era su jardín, el amoroso regalo que la Vida le hiciera desde la noche eterna de su concepción en las orillas del tiempo. Y supo que las estrellas brillaban por él, que el Sol iluminaba para él, y que el Eterno le había guardado un rincón en el fulgor insondable de su luz cegadora.

Durante muchas noches danzó ante el fuego su alegría, y llamó a sus amigos del agua y del viento, y compartió con ellos su visión. Y los elfos y las hadas le vieron cantar dichoso por las cañadas, embriagado en su alborozo, henchida de Vida su alma iluminada.

Y gritó al Sol y a la Luna, a la vida y a la muerte, entre lágrimas de gozo...

—¡El sueño terminó!... ¡El sueño terminó!

Las playas de la eternidad

—Jardinero, ¿qué has traído en tu corazón del bosque viejo? Tus ojos hablan de mundos lejanos, y tu silencio resuena en mi pecho con los ecos distantes de una fiesta nupcial.

—Por lo que veo, tu alma está atenta a las huellas que dejan las pisadas del Eterno —le dijo el jardinero a su aprendiz—. Bien está, pues, que te hable de la serenidad jubilosa que abraza mi corazón, del reflejo de eternidad que la Vida ha puesto en mis ojos...

»En el bosque viejo se cumplió el anhelo que mi alma herida rebuscó desde el alba de su existencia, cuando mis manos no eran mis manos, y mis labios balbuceaban los himnos de los hombres en las entrañas de la Tierra.

»En el bosque viejo me encontré con la esencia pura del alma de la Vida, inmaculada en su belleza, poderosa en su blanca inocencia; y me ofreció generosa su piel, para que con mis caricias y a través de mis manos, descubriera el gozo eterno del presente y la alegre futilidad de los actos y los pensamientos.

»Allí conocí el gozo impasible de los justos, y bebí de la copa sagrada que, oculta a la impureza de los hombres, sólo se ofrece al que renunciando a su vida se sube al altar del sacrificio, para que su sangre alimente al universo sagrado.

Todos los misterios se me revelaron en un instante; todos los rincones se iluminaron con una gran llamarada de luz que esparció sus rayos hasta los confines de lo creado.

»La plenitud de la Nada... el Único consciente... la Vida única... inútil e innecesaria..., absurda en su absoluta sencillez...

»Y sentí el alborozo simple de un niño, jugando en las playas de la eternidad junto al rumoroso mar de la existencia..., perdido en la inmensidad sin límites que existe más allá del tiempo...

»Dios... Uno... Nada... Existencia... Vida... Luz... Belleza... ¡Amor!

El jardinero guardó silencio por un instante, bajando la cabeza con una sonrisa que dejaba traslucir la paz que embargaba su corazón.

—Mis labios se cierran cuando intento expresar lo que sólo el alma ha podido saborear en el profundo deleite de la paz absoluta.

Algo muy profundo en el alma del aprendiz comprendió.

El silencio tendió un puente entre sus corazones, y desde el silencio conversaron durante toda una noche.

Cuando cantó el gallo, los ojos del aprendiz de jardinero se bañaban en las lágrimas dulces del que ha sentido la poderosa presencia de la Vida.

La hora de partir

E l Espíritu del Viento fue a visitarle a las orillas del estanque. Una ráfaga fresca, cargada con la humedad de los mares, le acompañaba, jugando con las ramas de los arces que no hacía mucho tiempo habían recobrado sus verdes ropajes.

—Paz a ti, jardinero —le saludó cortésmente—. Vengo a decirte que ha llegado ya el momento de tu partida.

Por la cara del jardinero, que se había iluminado con la presencia de su amigo, cruzó ahora una sombra de tristeza al escuchar sus palabras.

—¿Por fin ha llegado el momento? —dijo suavemente.

—Sí, amigo —contestó el Espíritu del Viento con ternura—. He querido venir yo esta vez, en lugar de enviarte de nuevo a mi hermano el Espíritu del Águila, porque sabía que las noticias que te traigo de lo alto te iban a entristecer.

—Te lo agradezco —le dijo el jardinero mirando su presencia azul celeste—, y agradezco la amistad que te ha unido a mí en todo el tiempo que hemos pasado juntos aquí, en estas tierras.

El jardinero se levantó sacudiéndose el polvo de la ropa y sonriendo le preguntó al Espíritu del Viento:

—¿Vendrás tú conmigo en mi largo viaje?

El Espíritu dejó escapar una sonora risa.

—¿En qué parte de la Tierra no existe el viento? –le dijo–. Allá donde vayas nos encontraremos tarde o temprano, y volveremos a hacer fiestas como la que hicimos en el bosque viejo.

Los dos callaron. El Espíritu del Viento veía el dolor en el corazón del jardinero, mientras éste bajaba la cabeza mirándose los pies.

—¿Sabes?.. Voy a echar de menos a esta tierra y a estas gentes –dijo al fin el jardinero–. Yo...

No pudo seguir hablando. Dos gruesas lágrimas corrieron por sus mejillas.

—No digas nada –le dijo su amigo posando la mano sobre su hombro–. Allá donde estés te llevaré noticias de estas gentes, y te llevaré en las manos de la brisa los aromas de estas tierras, la fragancia del romero, el tomillo y la lavanda, el perfume del jazmín...

—No creas que he perdido mi paz –le interrumpió el jardinero–. Ahora, hasta la tristeza es gozosa en el regazo de mi madre la Vida. Mi corazón está ligero de ataduras y de cargas, y se halla dispuesto a partir hacia el lejano horizonte.

»Sólo son los tiernos grilletes del amor los que hacen brotar mis lágrimas. Sólo su dulce abrazo me provoca el llanto.

—Ve, pues, y despídete de todos –le dijo el Espíritu del Viento–, que de aquí a tres días enviaré a la brisa fresca del norte para que te acompañe en tu partida.

—Sea como dices –respondió el jardinero.

Y el Espíritu del Viento partió hacia poniente, con el dolor de su corazón por el amigo amado.

El adiós al jardín

Durante todo un día anduvo el jardinero por los senderos de su jardín, despidiéndose de los árboles y las flores, dilatando su adiós entre las frondas de su vergel.

Se abrazó a la gran encina, poderosa y sabia, y se despidió de los arces y los robles, de los abedules, los plátanos, los tejos y los espinos; hundió sus brazos y su cuerpo en las hiedras y las madreselvas, y sumergió su cara en el Manantial de las Miradas, rogándole que nunca dejara de devolver la imagen de los ojos de sus vecinos enmarcados por el cielo.

Aspiró por última vez el perfume de sus jazmines y de sus rosas, agradeció su sencillez a las verbenas y las margaritas, y depositó un beso dulce entre las prímulas feéricas.

Refrescó sus pies en el arroyo, pidiéndole que los fortaleciera para el largo camino que iba a comenzar, y bañó su cuerpo en el estanque, en un bautismo sagrado de iniciación a la nueva vida que terminaba de nacer.

Y los lirios y las camelias lloraron tristemente en su despedida, y los pensamientos le besaron los pies a su paso por el sendero; y los árboles, rumorosos y sinceros, lo acariciaron con una lluvia de hojas.

¡Cuánto amor se tenían! ¡Cuántas caricias derramadas desde la lejanía de su creación en el jardín!

El jardinero se subió a la roca del estanque, y desde allí habló a árboles y plantas, a pájaros y flores, a ardillas y mariposas.

—No creáis que os dejo abandonados, pues mi lugar lo ocupará el que hasta ahora fue mi aprendiz. Amadlo como me habéis amado a mí, y hablad con él como lo hicisteis conmigo. Que el dulce néctar de la ternura entre vosotros rellene los pasos vacíos.

Y llegada la noche invitó a una gran fiesta a sus amigos del bosque y de las flores, a los elfos y a los gnomos, a las ninfas, a las hadas y a los duendes traviesos. Y los abrazó uno a uno, y les pidió que no abandonaran su jardín, que le hicieran conocer su existencia a su aprendiz, y que perdonaran a los hombres su ignorancia y su orgullo altivo.

La Luna se elevó sobre las montañas, y las hadas se fueron a dormir.

El jardinero se quedó solo, ante el estanque amado… con un brillo dorado en su nariz.

Hacia el lejano horizonte

L legó la brisa del norte en la apacible mañana primaveral. El jardinero le dio las gracias a su cabaña por los años de cálido cobijo y, al cruzar la puerta, se despidió de su pequeña planta amada.

Abrazó tiernamente a su aprendiz y a sus amigos en aquellas tierras, y desde la paz de su pecho les dijo:

—Me esperan otras tierras y otras personas que, desde el corazón de la Vida, con insistencia me llaman. Os dejo mi amor en la forma de un jardín, y a un nuevo jardinero que cure vuestras heridas.

»Y cuidad vosotros de lo que la Vida os dio; de vuestros montes y llanos, de vuestra tierra escarlata, y de todos los seres que habitan en ella; ved que es vuestro mayor tesoro, y el semblante de Dios ante vuestras miradas.

Y con su largo bastón de madera de roble y sus sandalias de cuero, el jardinero partió de allí a través del rojo manto de las amapolas de la primavera, con el frescor de la brisa del norte... hacia el lejano horizonte.

Índice